NAGEL-DESIGN

Fantastische Kreationen der weltbesten
Nagelkünstler

tosa

Inhalt

Einleitung

Obwohl der Begriff „Stil" meist ausschließlich mit Fashion und neuesten Trends in Verbindung gebracht wird, so ist in der Realität doch von vielen verschiedenen Faktoren beeinflusst. Um diese Faktoren zu verstehen, muss zunächst einmal erkannt werden, dass ein Stil dazu dient, inneren Gedanken, Interessen oder Werten Ausdruck zu verleihen. Dies geschieht durch Sprachstil, Verhalten und Kleidung sowie durch die Art und Weise, wie wir unser Haar oder unsere Fingernägel tragen. Individueller Geschmack, Lebensstil und selbst unsere Umgebung können unseren Stil beeinflussen. Beim persönlichen Stil handelt es sich um eine Form der Selbstentfaltung – ein Look soll dazu dienen, unsere individuellen Vorlieben, ein bestimmtes Anliegen oder eine Botschaft zu vermitteln.

Nagelschmuck gab es bereits vor 5000 Jahren, als Henna von den alten Ägyptern noch dazu genutzt wurde, die soziale Ordnung zu kennzeichnen. Seitdem hat er sich zu einem Kennzeichen von Persönlichkeit, besonderen Interessen und Individualität entwickelt. Obwohl in den 1920er-Jahren lediglich roter Lack und Klarlack zur Verfügung standen, wurde die Benutzung von Nagellack dennoch zum Inbegriff von Glamour und Reichtum. Später brachte die Massenproduktion von Nagellack eine Reihe unterschiedlicher Farbtöne hervor und ebnete somit den Weg, guten Geschmack mittels lackierter Nägel und im weiteren Verlauf auch durch Nageldesign, -formgebung und eine besondere Oberflächenstruktur auszudrücken.

Die Farbe wurde zunächst in Anlehnung an die Lieblingsfarbe der Trägerin oder in Abhängigkeit davon ausgewählt, ob sie zu einem bestimmten Outfit passte. In den 1960er-Jahren drückten Trendbewusste ihre Wertschätzung für Kunst und „Flower Power" durch blumige Designs auf ihren Nägeln aus, während es in den 1970er-Jahren die langen Stiletto-Nägel waren, die Wohlstand repräsentieren sollten. In den 1980er- und 1990er-Jahren wurden professionelle Nagelstudios zunehmend beliebter und mit ihnen auch die Liquid- und Acrylpulver-Verfahren. Diese förderten die Experimentierfreudigkeit in Hinblick auf Nagelform und -struktur, je nach Präferenz und praktischem Nutzen. In der Hip-Hop-Szene wurde Nageldesign extrem beliebt, da sich den Künstlern im Musikgeschäft dadurch eine zusätzliche Ausdrucksmöglichkeit bot.

Mit steigender Beliebtheit von Nagelfashion sowie einer Vielzahl an verfügbaren Produkten in Nagelsalons und im Handel werden die Ausdrucksmöglichkeiten nur noch durch zwei Faktoren begrenzt: Fantasie und praktischer Nutzen. Mit einer breiten Palette an Nagelstickern und -farben haben wir als Konsumenten die Möglichkeit, zu experimentieren und zwar mit verschiedenen Stilen, die je nach Stimmung oder Geschmack angepasst werden können. Dadurch können wir unserer Vorstellungskraft und Individualität mittels nonverbaler Message auf wirkungsvolle Weise Ausdruck verleihen. Ein gutes Nagelstudio oder ein guter Nagelkünstler, die es verstehen, noch extravagantere Designs zu kreieren als es mit Nagelstickern möglich wäre, erweitern somit unsere Möglichkeiten zur Selbstentfaltung.

Modedesigner wissen schon lange um die Wechselwirkung zwischen Haar, Make-up und Nagelkunst, durch die der Welt eine Inspiration gezeigt werden kann, die sich hinter dem äußeren Erscheinungsbild eines Models und hinter einer Kollektion verbirgt. Zweifelsohne wird die High Fashion sehr stark vom Nageldesign beeinflusst. Dieser Einfluss bedeutet gleichzeitig, dass die Möglichkeiten des Nageldesigns mittlerweile unendlich sind: Mithilfe von professionellen Nagelkünstlern kann so gut wie jeder Stil kreiert werden.

Vorbereitung

Bevor man mit dem Nagelstyling beginnt, ist es wichtig, die Fingernägel darauf vorzubereiten und eine weiche Arbeitsoberfläche herzustellen. So wird sichergestellt, dass der Look lange hält.

1 Feilen Sie Ihre Nägel zur gewünschten Form.

2 Reinigen Sie den Nagelhautbereich, indem Sie die Nagelhaut mit einem Nagelhautschieber an der Basis und an den Seiten des Nagels zurückschieben.

Form und Stil

Bereits die Form des Nagels kann den individuellen und persönlichen Stil oder Charakter hervorheben. Die Mandelform zeugt von Weiblichkeit und verlängert die Finger optisch für eine elegantere Wirkung, während spitze Nägel – auch wenn diese nicht immer sehr praktisch sind – eine mutige, leidenschaftliche Persönlichkeit suggerieren können und somit einen außergewöhnlichen Stil sehr gut unterstreichen.

Dennoch wird die Nagelform auch von praktischem Nutzen, durch den Lebensstil oder sogar von Altersgruppenzugehörigkeit bestimmt. Eine Schulordnung, sportliche Aktivitäten oder bestimmte Berufe mögen das Tragen von kurzen, quadratischen Nägeln erfordern, während man beispielsweise im Lebensmittel- oder Gesundheitssektor kurze, sauber gefeilte Nägel tragen sollte. Angehörige bestimmter Berufsgruppen müssen folglich ihre Nägel besonders kurz und natürlich halten, ohne Nagellack oder sonstige Verzierungen.

TIPP

Sollte es Ihnen schwerfallen, Ihre eigenen Nägel mit Designs zu verzieren, so erstellen Sie diese auf künstlichen Fingernägeln und kleben Sie diese auf Ihre natürlichen Nägel, sobald die Farbe trocken ist.

Empfohlene AUSSTATTUNG

- Grundierung/Unterlack
- Nagelpolierer
- Wattepads

- Nagelhautschieber
- Handdesinfektionsmittel
- Nagelfeile

- Nagellackentferner
- Papiertücher

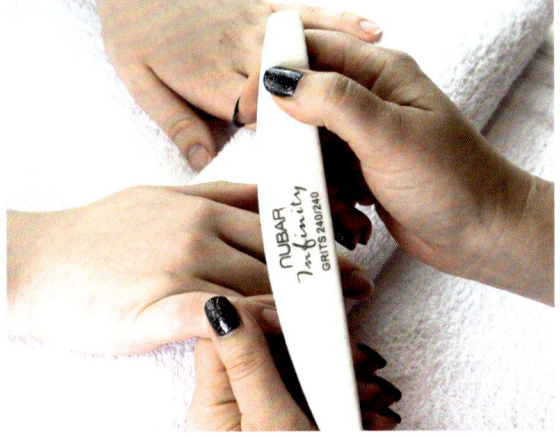

3 Benutzen Sie einen Nagelpolierer zum Glätten der Oberfläche, die für sauberes Auftragen nötig ist.

4 Tragen Sie eine dünne Schicht Grundierung auf und sparen Sie dabei 1 mm am Rand des Nagels aus. Lassen Sie diese Schicht gründlich trocknen, bevor Sie mit dem Nageldesign beginnen.

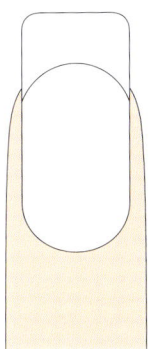
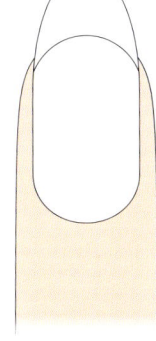
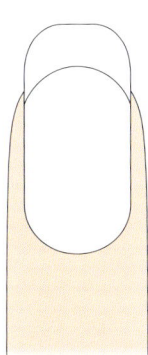
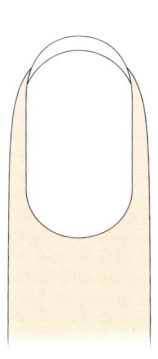
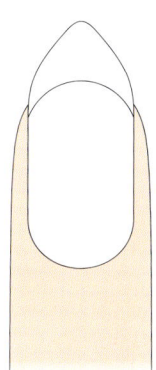

Quadratische Nägel sind klassisch und zeitlos, ideal für den optischen Ausgleich von langen, schmalen Fingern.

Die **Mandelform** steht jedem und verleiht dem Nagelbett optisch mehr Länge.

Squoval-Nägel wirken weicher als quadratische Nägel, behalten dabei aber dieselben Eigenschaften.

Runde Nägel brechen weniger leicht ab und schmeicheln großen und langen Händen.

Spitze Nägel sind etwas für die Trendbewussten und verlängern optisch die Hände und Finger.

KAPITEL 1
Die Welt um UNS HERUM

Sowohl natürliche als auch urbane Lebensräume bieten eine großartige Inspiration für tolles Nagelstyling. Die unterschiedlichen Farbtöne, Strukturen und Muster unserer Umgebung können der Nagelkunst als Quelle der Inspiration dienen. Ein Design kann beispielsweise unsere Wertschätzung der natürlichen Welt oder auch ein Interesse an einzigartigen Formen widerspiegeln.

Landschaften sind besonders faszinierend, wenn sie auf Nägel übertragen werden und können somit Heimatverbundenheit oder Wertschätzung einer bestimmten geografischen Region repräsentieren. Auch Tiermotive sind ein sehr beliebtes Nageldesign, da sie recht einfach zu kreieren sind und dennoch einen großartigen Blickfang darstellen. Sie können die Felle von Zebras und Leoparden oder Schlangenhäute ganz einfach mit Punktierungs-Werkzeugen und Nagelpinseln nachempfinden oder auch Vögel, florale und maritime Muster als Ideengeber nutzen.

Wünschen Sie sich noch mehr Kreativität, so nutzen Sie doch Ihre Umgebung, um Oberflächenstrukturen in Ihre Nageldesigns einzuarbeiten. Kleben Sie zum Beispiel künstliche Federn oder getrocknete Blüten auf vorlackierte Nägel, falls Ihnen handgemalte Designs zu schwierig erscheinen. Anschließend versiegeln Sie die Oberflächen mit einer Deckschicht.

Links Nägel in französischem Stil, mit mehrfarbiger, marmorierter Nagelspitze, von Gemma Lambert.

Jahreszeiten & ELEMENTE

Die Jahreszeiten beeinflussen nicht nur die Fashion-Welt und Modekollektionen in Bezug auf Farben und Zweckmäßigkeiten, sondern auch die kommerzielle Welt der Nagelfarben. Dunklere Töne und Glitzer finden häufiger in den Wintermonaten Verwendung. Pastelltöne sind im Frühling beliebt und helle Töne überwiegend im Sommer. Somit werden die natürlichen Farben einer Jahreszeit und ihrer Umgebung begünstigt.

Unterstreichen Sie die Jahreszeiten mit entsprechend passenden Nageltönen. Lassen Sie sich bei der Kreation Ihrer individuellen Nageldesigns von den Elementen Erde, Wasser, Wind und Feuer inspirieren. Nutzen Sie auch Nagelsticker und weitere Kunstprodukte, um Ihren Nägeln Leben einzuhauchen.

Oben Schneeweiße Nägel mit silberfarbenen Details, von Sam Biddle.

Links Stiletto-Nägel mit Weißtönen, zartem Blau und Silber, inspiriert von einem „Ice Queen"-Farbschema, von Gemma Lambert.

Rechts Herbstliche Nägel von Gemma Lambert, mit handgemalten Details und 3-D-Blattwerk als Nageldesign.

Fleury Rose, USA

Fleury Rose wurde in Connecticut (USA) geboren und hatte schon immer eine besondere Leidenschaft für die Malerei, das Zeichnen und Illustrationen. Ihren Universitätsabschluss erhielt sie 2009 im Fach Bildende Künste. Während ihres Studiums hat sie eine besondere Liebe für Wasserfarben, Ölmalerei und Tuschezeichnung entwickelt. Derzeit lebt sie in Brooklyn, New York, wo sie ihrer Kreativität nachgeht.

Fleury Rose wurde von japanischen Nagelkunst-Magazinen inspiriert, durch die auch sie schließlich den Drang verspürte, auf kleineren Flächen zu malen. Ihre Designs stellte sie in ihrem Blog *Fleuryrosenails* vor. Das Interesse an ihrer Arbeit war überwältigend und als sich immer mehr Kunden für ihre Nagelkreationen interessierten, gründete sie schließlich ihr eigenes Nagel-Imperium. Sie begann in einem Salon ausschließlich mit Terminkunden zu arbeiten und Designs für zahlreiche Magazine und Blogs zu erstellen, unter denen sich auch die *Teen Vogue* und das *Paper*-Magazin befanden.

Fleury ist US-Nagel-Botschafterin für die britische Schönheits-Kultmarke Illamasqua und ihr innovativer, gewagter Stil ist unverkennbar.

Ganz oben Nägel im Tigerstil, mit handgemalten Tigerstreifen auf einer Ombre-Effekt-Grundierung.

Oben Nagelkunst mit Hai-Design, handgemalt auf deckender Nagelgrundierung.

Links Handgemalte Meeresmotive auf Nägeln mit Glitzer und Verzierungen.

Der Garten
DES LEBENS

Pflanzen und Blumen werden gern als Nageldesigns eingesetzt, da ihre Schönheit und Farben eine Vielfalt an Designmöglichkeiten aller Schwierigkeitsgrade bieten. Mithilfe von Schablonen und Stickern lassen sich schnell und einfach florale Motive erstellen. Für einen individuelleren Stil tragen Sie die Designs mit Bürsten und Pinseln auf.

Ästhetisch gesehen wirken Blumen positiv auf den Betrachter und suggerieren Weiblichkeit. Da es Blumen in verschiedensten Farben und Formen gibt, kann für jeden Persönlichkeitstyp die passende gefunden werden. Nutzen Sie helle Farben und einfache Blumendesigns auf kurzen Nägeln für einen legeren, frischen Look oder beauftragen Sie einen Nagelkünstler damit, Ihnen Blumen auf lange Nägel in glamourösem, elegantem Stil zu modellieren. Ein florales

Design kann entweder dezent getragen werden, mit nur ein oder zwei Blumen zur Akzentuierung eines Nagels, oder über die gesamte Fläche, in großen, blumigen Designs. Dies ist abhängig vom individuellen Geschmack. Sowohl Blumen als auch elegante Lebewesen wie beispielsweise Schwäne bieten die Grundlage für faszinierende Nageldesigns. Gleiches gilt für Vögel, Insekten und Schmetterlinge, wenn es um alternative Farben und Designs geht.

Oben Nagelverlängerungen mit eingearbeiteten Holografien und handgemalten Floraldesigns, von Catherine Wong.

Links Schönes Schmetterlingsmotiv auf einem Fingernagelset, von Catherine Wong, bestehend aus mehrfarbigen Nagelverlängerungen und 3-D-Schmetterlingen, die mit professionellen Hilfsmitteln erstellt wurden.

Oben links Weiße Nägel mit handgemalten Baum- designs und einzelnen Glitzersprenkeln, von Sam Biddle.

Oben rechts Farbenfrohe Ombre-Nägel mit großflä- chiger floraler Nagelkunst, von Sam Biddle, der hierfür einen Nagelkunst-Stift be- nutzt hat.

Unten links Französische Nägel mit quadratischer Form und lila Blumen- designs, von Eva Darabos.

Mitte rechts Nagelspitzen mit einer Auswahl an floralen Designs, von Sam Biddle.

Unten rechts Französische Maniküre mit floralen Designs auf den Ringfingern, von Eva Darabos.

Projekt:
FLORALE NÄGEL
VON GEMMA LAMBERT

Gemma Lambert zeigt, wie man einfach lackierte Nägel mit originellen handgemalten Floraldesigns aufpeppen kann.

1 Tragen Sie eine Grundierung sowie zwei Schichten des Nagellacks Ihrer Wahl auf. Lassen Sie die Nägel trocknen.

2 Benutzen Sie einen feinen Pinsel und einen helleren Nagellack, um fünf Dreiecke auf jeden Nagel aufzutragen. Lassen Sie zwischen den Dreiecken ein wenig Platz und positionieren Sie die Blüte auf jedem Nagel woanders.

3 Sobald die Blüten getrocknet sind, schattieren Sie die halben Blütenblätter mit einem helleren Ton.

4 Benutzen Sie nun einen feinen Pinsel, um jede Blüte seitlich entlang der Kante mit einer weißen Akzentuierung zu versehen.

5 Verschönern Sie Ihr Design mit weiteren weißen Akzenten, indem Sie mehrere kleine Punkte und Striche nebeneinander auftragen. Lassen Sie die Nägel trocknen und tragen Sie den Überlack auf. Solange der Überlack noch nicht getrocknet ist, können Sie einen Strassstein in die Mitte jeder Blume platzieren.

Rechts Stiletto-Nägel mit Blumen verziert, hergestellt mit professionellen Nagelprodukten und kleinen Strasssteinen sowie einem Hauch von Glitzer.

NAGELKÜNSTLERIN

Michelle Sproat, Kanada

Michelle arbeitet seit über 30 Jahren in der Schönheitspflege. Ihre Aufgabe besteht darin, auf der Suche nach neuen Nagelkunsttalenten um die Welt zu reisen. Sie hat ein leidenschaftliches Interesse an neuen wie auch bereits erprobten Nageltechniken und betreibt außerdem ein Nagelstudio in Ontario.

Michelle ist eine erfahrene Nagelexpertin und Meisterin auf diesem Gebiet. Sie ist stets auf der Suche nach neuen Techniken, wodurch sie sicherstellt, dass sich ihre Nagelkunst immer auf dem aktuellsten Stand befindet. Sie arbeitete über zwei Jahrzehnte lang für die renommierte Nagelmarke OPI als Ausbilderin und internationale Nagelkünstlerin, war als Jurymitglied tätig und hielt Vorträge rund um den Globus. Michelles Arbeiten wurden in zahlreichen Kosmetik- und Nagelfachzeitschriften veröffentlicht. Mittlerweile vertreibt sie Produkte von Odyssey Nail Systems, wo sie gemeinsam mit Kollegen aus der Nagelbranche ihre Fähigkeiten und praktischen Tipps weiterentwickelt.

Rechts Nägel, die zu einer Lippenstiftform modelliert wurden, mit floralem Finish und Verzierungen.

Oben Französische Nägel mit abgerundeten Spitzen, von Eva Darabos, mit handgemalten Details auf Nagelmotiven, inspiriert
von echten Blumen.

Links Die auffälligen Stiletto-Nägel
von Eva Darabos, mit Strassstein-
Verzierungen an der Nagelhaut
und floralen Motiven.

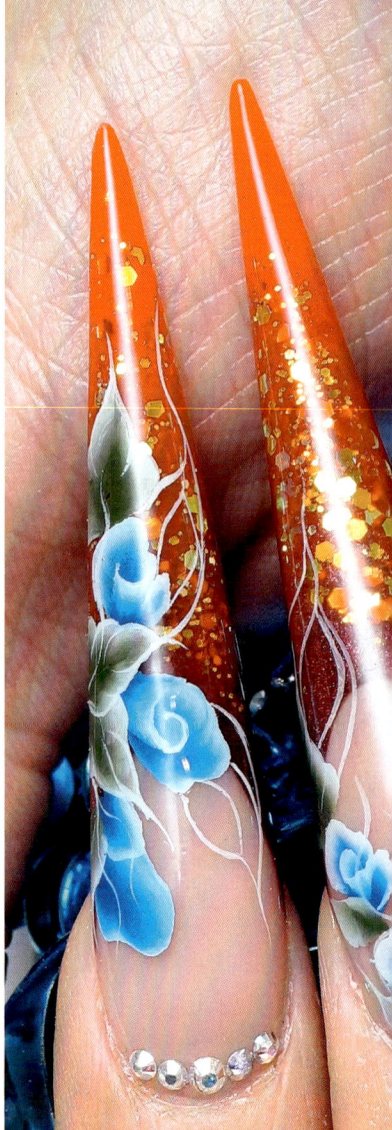

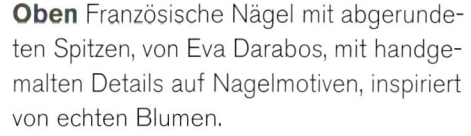

Bildergalerie

Links Hübsche
Nägel nach franzö-
sischer Art mit feinen
Floralmustern, von Eva
Darabos.

Oben Tulpenkunst auf
französischer Maniküre-
Grundierung, mit komplett
lackiertem Nagel am Ring-
finger, von Sam Biddle.

Links Die Stiletto-Nägel von Eva Darabos mit rot glitzernder Spitze, Verzierungen im Bereich der Nagelhaut und floraler Nagelkunst sind ein echter Hingucker. Kreiert mit der One-Stroke-Technik, bei der zwei Farbtöne mit einem einzigen Pinselstrich aufgetragen werden.

Oben Ein Nageldesign in Anlehnung an die Metropole London, auf Kunstnagelspitzen von Megumi Mizuno kreiert, unter Verwendung von Nagelfarben und professionellen Nagelprodukten.

Nägel in Stiletto-Form mit Pfauenmuster, von Sam Biddle.

KAPITEL 2

Kunst

Kunst ist so vielseitig und subjektiv, dass sich unendlich viele Inspirationsquellen für Nagelstyling ergeben. Kunstwerke können Gedanken, Wünsche und Leidenschaften veranschaulichen, die auch in Form von Nageldesign zum Ausdruck gebracht werden können.

Welche Kunstrichtung auch immer Sie bevorzugen – sei es Impressionismus, Pop-Art oder Kubismus –, nehmen Sie die Elemente, die Ihnen am besten gefallen und kreieren Sie damit Ihre ganz eigene Interpretation oder bilden Sie ein komplettes Design nach. Sie können auch einfach ein Freestyle-Design nach eigenen Wünschen und Vorstellungen entwerfen.

Freunde der subtilen Nagelkunst mögen sich an Werken von Monet oder Cézanne orientieren und weiche Töne sowie freie Pinselstriche einsetzen. Dieser Stil eignet sich besonders für Kunstliebhaber, die selbst über eine nicht ganz so ruhige Hand verfügen. Als Alternative kann man auch Schablonen einsetzen, um Designs in der Art des Schablonen-Graffiti im Banksy-Stil zu kreieren, oder dünnes Klebeband für strukturelle Elemente sowie klare, gerade Linien.

Wenn Sie gut mit Nagellacken und -farben sowie feinen Pinseln umgehen können, sollten Sie über Porträts oder detaillierte Nachbildungen nachdenken – wie wäre es mit der berühmten „Mona Lisa" oder mit dem „Abendmahl" als religiöse Hommage? Auf der anderen Seite gibt es die Möglichkeit, die Nägel schnell und effektiv mithilfe von Nail-Wraps oder Stickern mit einem Design Ihrer Wahl zu gestalten.

Links Farbenfrohes Design auf mandelförmigen Nägeln, von Ami Vega, inspiriert von flüssigen Farben.

AstroWifey, USA

Die freiberufliche Maniküristin AstroWifey, alias Ashley Crowe, passioniert in den Bereichen Nagelpflege und -design, ist seit 2008 in der Nagelkosmetik tätig. Eigentlich ist sie Künstlerin. Als sie jedoch damit begann, ihre eigenen Nägel zu gestalten, erregte sie damit so viel Aufmerksamkeit, dass sie sich bald dazu entschied, eine Ausbildung zur Maniküristin zu absolvieren, um auch die Nägel anderer künstlerisch gestalten zu können.

AstroWifey präsentiert ihre Nageldesigns auf Events, Privatfeiern und Fotoshootings. Sie verfügt über ein eigenes Warensortiment. Ihre Inspiration holt sie sich durch gesunde natürliche Nägel und entwickelt kundenspezifische Designs, die von ihrem künstlerischen Hintergrund beeiflusst sind.

AstroWifey ist Gründerin des ersten amerikanischen Nagelkunstmagazins *Tipsy Zine* und zählt auf der beliebten Fashion- und Stylewebseite *Refinery29* zu den „gefragtesten Nagelkünstlern Chicagos". Ihre Arbeiten wurden sogar in *Scratch* veröffentlicht, einem führenden Magazin für Nagelexperten.

„Ich versuche meine Kunden stets zu animieren, ihre eigenen Ideen mit ins Studio zu bringen. Ganz egal, ob es sich dabei um ein Bild handelt, eine Idee, ein bestimmtes Thema, Farbvorschläge oder sogar einen Gegenstand, den sie gern auf ihren Nägeln hätten. Somit bekomme ich immer einen Eindruck vom persönlichen Stil des Kunden." AstroWifey

Ein beliebiges und fantasievoll handgemaltes Nageldesign. Verwendet wurde eine Vielzahl von Nagellackfarben.

Ganz oben Freihanddesign eines Nagelkünstlers mit verschiedenen Nagellack-Farbtönen.

Oben Hübsches Design in ausdrucksstarken Farben wie Pink, Aquamarin, Gelb und Grün.

Rechts Originell handgemalte Nageldesigns
mit Lebensmittelsym-
bolen und Slogans.

Unten Beliebig frei-
händig gestaltetes
Nageldesign in einer
Vielzahl an Farben
und unterschiedlichen
Pinselstrichen mit gol-
denen Verzierungen.

Aktivismus und Ausdruck
DURCH KUNST

In den 1960er-Jahren wurde Kunst zum Ausdrucksmittel für Soziales und Politik. Die Massenkultur und die dominanten Ideologien im Nachkriegs-London und in New York führten in dieser Zeit zur Entstehung der Pop-Art-Bewegung. Einflussreiche Größen aus der Popkultur ließen sich von der Werbung inspirieren und schufen einen farbenfrohen und ausdrucksstarken Stil, der die Entpersonalisierung der Gesellschaft durch die Massenmedien zum Thema hatte.

Mit ihren Arbeiten wollten Pop-Art-Künstler zeigen, dass es sich bei Massenkultur um etwas Unvermeidbares handelte, wodurch die Wahrnehmung und das Wertesystem des Einzelnen stark beeinflusst wurde. Andy Warhol und Roy Lichtenstein waren Schlüsselfiguren dieser Bewegung und zahlreiche ihrer Designs – wie Warhols Marilyn Monroe-Serie und Lichtensteins Zehn-Dollar-Scheine – machten sich die Technik der Duplizierung zunutze, um fehlende Individualität und eine allgemeine Anonymität der Gesellschaft zum Ausdruck zu bringen. Arbeiten im Comic- und Cartoon-Stil boten die Möglichkeit, soziale und politische Spannungen auf ironische Weise auszudrücken.

Zwei Jahrzehnte später kreierte der Amerikaner Keith Haring – ein Freund Andy Warhols – Arbeiten, die an die New Yorker Straßenkultur und die aufkeimende Graffiti-Szene angelehnt waren. Er nutzte breite Konturen und aktive Figuren, um sozio-politische Themen wie Geburt, Tod, Sexualität, Krieg und Drogenmissbrauch anzusprechen. Seine Motive waren hauptsächlich Tiere und Menschen, mit denen er die unterschiedlichen Aspekte von Kultur zu repräsentieren und eine besondere Charakteristik oder Botschaft zu übermitteln versuchte.

Wenn der Stil dieser Bewegungen im Bereich der Nagelkunst angewendet wird, kann man davon ausgehen, dass der Träger dieser Nägel genau diese Werte unterstützen möchte. Für diejenigen, die nicht unbedingt eine sozio-politische Botschaft auf ihren Nägeln preisgeben möchten, können leichtgängigere Elemente dazu dienen, Überzeugungen, Gefühle oder Schlagworte auszudrücken.

Oben Design im impressionistischen Stil, mit vielen verschiedenen Farbtönen und versiegelt mit goldenen Verzierungen, von Fleury Rose.

Unten links Nagelkunst, inspiriert durch den Künstler Keith Haring und kreiert auf natürlichen Nägeln, von Fleury Rose.

Unten rechts Freihändiges Nagelkunst-Design von Fleury Rose, mit der Darstellung eines Kampfes.

Oben links Ausdrucks-
starke Kunstnägel aus
der Henry-Holland-
Kollektion für Elegant
Touch.

Oben rechts Schwarz-
weiße Kunstnägel aus
der Henry-Holland-
Kollektion von Elegant
Touch. Sie wurden zum
Ausdruck von Stimmun-
gen oder Gefühlen ent-
worfen.

Mitte Farbenfrohes
Nageldesign von Ami
Vega mit Silhouetten
und Herzen, angelehnt
an die Werke von Keith
Haring.

Rechts Pop-Art-inspi-
rierte Nägel in Neon-
tönen als Blickfang,
von Sam Biddle.

Links Handgemaltes Paisley-Design auf farbenfrohem Hintergrund.

Rechts Eine alternative Variante des französischen Nageldesigns, mit Blumenornamenten auf der Nagelspitze.

NAGELKÜNSTLERIN

Ami Vega, USA

Die reiselustige Nagelkünstlerin Ami Vega hatte ihren ersten Kontakt mit der Nagelkunst in jungem Alter, als sie mit einer Freundin mit verschiedenen Nagellacktönen auf ihren Nägeln experimentierte. Mit Begeisterung für alle möglichen Kunstrichtungen begann Ami, ihre Nägel kunstvoll zu dekorieren. Heutzutage ist sie eine der gefragtesten Nagelkünstler New Yorks. Die Inspiration für ihre mutigen Designs findet sie in der Pop-Art-Kultur, in auffälligen Mustern, Textilien und im Bereich Fashion. Sie präsentiert ihre Arbeiten und Nageldesigns auf ihrer Webseite unter *www.elsalonsito.com*.

Hübsche sommerliche Pastellnägel

Nägel im Ombre-Effekt mit auffällig weißen, freihändig gemalten Nagelkunst-Motiven.

Projekt: FARBBLOCK-NÄGEL

Ami Vega kreiert ein Design mit schrillen Farben, angelehnt an die Kunst der 1960er-Jahre. Damit reflektiert sie einen der Stile der Pop-Art-Bewegung: die Bildduplikation zur Darstellung von fehlender Individualität. Folgen Sie den unten beschriebenen Schritten, um Ihre eigenen Pop-Art-Nägel zu kreieren.

SIE BENÖTIGEN:

- Zwei feine Nagelpinsel
- Grundierung/Unterlack
- Fünf Pastelltöne

- Fünf dunklere Töne
- Versiegelung/Überlack

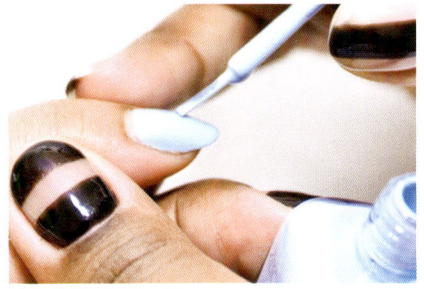

1 Tragen Sie eine dünne Schicht Grundierung auf alle Nägel auf. Tragen Sie zwei Schichten Pastelltöne auf, und zwar auf jeden Nagel einen anderen Ton.

2 Benutzen Sie einen Nagelkunstpinsel, um eine diagonale Linie von der Nagelhaut bis hin zur Kante zu ziehen. Verwenden Sie dafür den dunkleren Ton eines jeden Pastelltons.

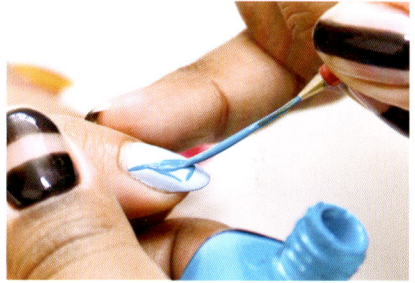

3 Skizzieren Sie den unteren Teil des Rechtecks unterhalb der diagonalen Linie. Wiederholen Sie dies auf allen Nägeln mit den entsprechenden Farben.

4 Malen Sie die untere Hälfte des skizzierten Rechtecks aus.

5 Stellen Sie die obere Hälfte des Rechtecks auf der anderen Seite der diagonalen Linie fertig, indem Sie die Form aussparen. Füllen Sie nun den Raum außerhalb der Form mit Farbe. Lassen Sie die Nägel trocknen und tragen Sie eine dünne Schicht Überlack auf.

Freihändige NAGELKUNST

Die Fantasie eines kreativen Menschen ist oft voller Farben und Design-Ideen, beseelt von dem Wunsch, den persönlichen künstlerischen Stil auszudrücken. Während viele dieser Ideen direkt der Fantasie entstammen und sich leicht auf Nägel übertragen lassen, bedienen sich andere kreative Köpfe gerne auch anderer Kunstrichtungen, wie Cartoons oder Lyrik.

Freihändige Nagelarbeiten können mit beliebigen Werkzeugen durchgeführt werden – Nagelpinseln, -lacken oder -schablonen. Damit können Künstler ihre Botschaft oder ihre Designs umsetzen.

Unten links Expressives, markantes Nageldesign in auffälligen Tönen und starken Konturen, kreiert von Fleury Rose.

Unten rechts Nägel mit Aquarelleffekt in verschiedenen Blautönen mit 3-D-Verzierungen, von Fleury Rose.

Oben Auffälliges Nageldesign, angelehnt an die Werke des niederländischen Abstrakt-Künstlers Piet Mondrian, kreiert von Fleury Rose.

Oben rechts Handbemalte, einfarbige Nägel. Eine Hommage an die Welt der Modeschöpfer, mit Designer-logos, von Sophie-Harris Greenslade.

Freihändig ausgeführte Disney-Motive von Megumi Mizuno, kreiert auf weißem, blickdichtem Untergrund.

Expressives Design auf natürlichen Nägeln, schwarz lackiert, von Sam Biddle.

Körperkunst
UND NAGEL-
KUNST

Bei Körperkunst handelt es sich um eine Art der Selbstdekoration und des Selbstausdrucks, zu der sich der Träger lebenslang verpflichtet. Der Vorzug des Nageldesigns besteht darin, dass es sich hierbei nicht um eine langfristige Verpflichtung handelt. Ein professionell ausgeführtes Nageldesign hält ungefähr drei Wochen und normaler Nagellack kann beliebig oft gewechselt werden.

Gemäß dem traditionellen Tattoo-Stil wird mit dicken Konturen ein Teil des Motives schwarz, einer farbig und ein Teil hautfarben gestaltet. Neuere Stile bedienen sich häufiger den Freihandtechniken, wobei der Träger dem Künstler vollkommen vertrauen muss, ein geeignetes Design mit einzigartigen Mustern, Ideen und vielen Farben zu kreieren. Beide Stile können mit Lacken, Farben und verschiedenartigen Pinseln umgesetzt werden.

Körperkunst und Nagelkunst können sich gegenseitig ergänzen. Die Nagelkunst kann hier zur Erweiterung der Körperkunst dienen. Für diejenigen, die keine Tattoos tragen, bietet Nagelkunst die Möglichkeit, über kurze Zeit ein besonderes Faible für ein Bild oder einen Tattoo-Stil auszudrücken.

Ganz oben
Berühmte Filmfiguren, von Vu Nguyen per Hand auf Nägel gemalt.

Oben Handgemalte Nagelkunst von Vu Nguyen auf Nagelspitzen, die zusammen ein Schatzinselmotiv darstellen.

Links Farbenfrohe, handgemalte USA-Motive, von Vu Nguyen auf Nagelspitzen kreiert.

Rechts Szene in einem Bahnwaggon, handgemalt auf Nagelspitzen, von Vu Nguyen.

NAGELKÜNSTLER

Vu Nguyen, USA

Als Absolvent des hoch angesehenen *California Institute of the Arts* war Vu Nguyen zunächst erfolgreich als Tattookünstler tätig, bis er 2002 in die Nagelbranche wechselte. Dies geschah, nachdem seine Mutter ihn dazu animierte, mit ihr gemeinsam einen Kurs in einer Kosmetikschule zu belegen. Im Abschluss daran gewann er zahlreiche Nagelkunst-Wettbewerbe und ist inzwischen berühmt für seine unglaublich detailreichen, handgemalten Nagelkunstdesigns. Vus Arbeiten erschienen auf den Covern vieler Fachzeitschriften und er selbst hat vier Bücher zum Thema Nagelkunst veröffentlicht.

Vu reist als Gastkünstler der Nagelmarke OPI um die ganze Welt, bildet dabei Kollegen aus der Branche weiter und versucht nebenbei noch Zeit für das Tätowieren zu finden. Er hat sogar seinen kleinen Bruder Robert ausgebildet, der selbst ein erfolgreicher Nagelkünstler ist. Mit ihm bildet Vu gemeinsam das „A-Team" von OPI. Sie reisen zu Fachmessen und Trainingszentren auf der ganzen Welt.

Dieses Totenkopf-Motiv auf mattem, schwarzem Nagelgrund hat Vu mithilfe eines Nagelkunstpinsels ausgeführt. Dabei wurde der weiße Lack auf der linken Seite des Totenkopfes zweimal und auf der rechten Seite einmal aufgetragen, um einen Schatteneffekt zu kreieren. Anschließend kam ein dünner Pinsel zum Einsatz, um die Nase zu skizzieren und rissige Effekte zu erzeugen, bevor Details wie Kiefer und Zähne hinzugefügt wurden.

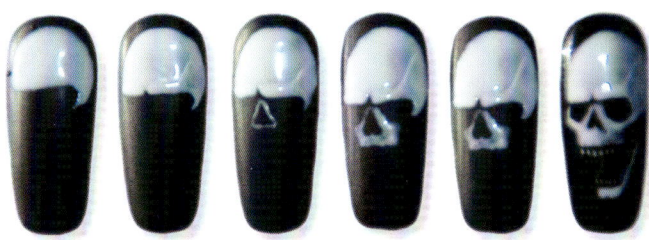

Für dieses Tigerdesign tragen Sie einen grauen Lack mithilfe eines Schwamms auf drei Bereiche Ihres Nagels auf und fügen anschließend Details wie Flecken, Augen, Nase und Schnurrhaare hinzu. Schattieren Sie die Nase mit einem Pinsel und konturieren Sie die Augen mit einem Grauton.

Um dieses gruselige Design nachzubilden, malen Sie Ihre Nägel zunächst rot an. Nach dem Trocknen benutzen Sie einen feinen Nagelpinsel und einen dunklen Blauton, um die Augenhöhlen, die Nase und zum Schluss die Zähne auszuführen. Entfernen Sie überschüssigen Lack vom Pinsel und lassen Sie den Lack antrocknen, bevor Sie das Design schattieren.

KAPITEL 3

Individuelle STYLES

Kleidungsstil, Schmuck und Einstellung können von Subkultur, persönlichem Geschmack oder durch bestimmte Zweckmäßigkeiten beeinflusst werden. Dabei entstehen vielfältige und teilweise auch sehr auffällige Ausdrucksformen von Individualität.

Persönliche Vorlieben bestimmen üblicherweise Form und Farbe der Nägel, wobei nicht jeder gern mit verschiedenen Designs experimentiert. Manche bevorzugen den klassisch-französischen Stil oder einen einfachen Klarlack, während andere auf Nagelverlängerungen in ihren Lieblingsfarben oder mit ihren Lieblingsmotiven setzen.

Während viele täglich einen extravaganten Fashionstil bevorzugen, bietet die Nagelkunst die Möglichkeit, auf dezente Art und Weise bestimmte Vorlieben und Geschmäcker zum Ausdruck zu bringen. Dies kann äußerst praktisch sein, da ein zu auffälliger Stil häufig nicht ins Arbeitsleben passt.

Die vielen Formen von Subkultur können ebenso einen enormen Einfluss auf den persönlichen Stil haben, angefangen bei den Hobbys, über Musik bis hin zu Filmen und Kleidung. All dies lässt sich hervorragend auf Fingernägeln repräsentieren.

Links Auffällig rote Nägel in Mandelform, mit einem weiß gemalten Halbmond-Design als Motiv.

Gothic

Das Aufkommen der modernen Gothic-Subkultur in der Post-Punk-Ära der frühen 80er-Jahre ist wohl auf musikalische Einflüsse zurückzuführen. Düstere Liedtexte angelehnt an Themen wie Tod, Isolation und Vampirmythologie ebneten den Weg für dunkle, theatralische Stilrichtungen und Make-ups mit einer Fokussierung auf schwarze Töne.

Zu den beliebtesten Kleiderstoffen gehörten Spitze, Leder, Samt und etwas später auch Lack, in Kombination mit silbernen Accessoires wie beispielsweise Totenköpfen, Kreuzen, Fledermäusen und magischen Symbolen. Blutrote und tiefviolette Schattierungen dominieren den Gothic-Stil. Auch Elemente der gotischen Architektur und Kunst wie Rundbögen, Kreuze und Ornamente aus der Schnitzkunst können auf Nägel übertragen werden.

Oben Temperamentvolle schwarze Nägel mit freinhandgezeichneten weißen Kreuzen – sehr typisch für den Gothic-Stil.

Links Ein dramatisches Nagelbild von Megumi Mizuno, bei dem der goldene Glitzer der Nägel an den Fingerspitzen hinuntergleitet.

Links Verlängerte Nägel von Eva Darabos, mit eingearbeitetem Muster und handgemalten schwarzen Details im Stil von Spitzenstoff.

Rechts Dunkles Nageldesign von Fleury Rose mit handgemalten Motiven wie Blutstropfen, Gothic-Symbolen und Spinnennetzen.

Mitte links Nagelspitzen schwarz bemalt, rote und goldene Nageltöne mit Strasssteinverzierungen und einem handgemalten Totenkopf-Design, von Megumi Mizuno.

Mitte rechts Strukturierte Nägel mit Samt- und Kroko-Effekt, abgerundet mit Diamanten, von Sam Biddle.

Unten links Auffällige, knallrote Nägel mit unterschiedlichen Rottönen und Freihanddesigns in Gold und Dunkelrot, von Sam Biddle.

Unten rechts Schwarz bemalte Nägel mit Designs aus der Gothic-Kultur, von Sophie Harris-Greenslade.

Ganz rechts Galaktisches Nageldesign mit Regenbogenmotiv im Freihandstil.

NAGELKÜNSTLERIN

Sophie Harris-Greenslade, Großbritannien

Nach einem Universitätsabschluss in Illustration und Animation absolvierte Sophie Harris-Greenslade einen Nageltechniker-Kurs und begann diese Tätigkeit schließlich in Vollzeit. Dank ihrer künstlerischen Begabung enthält jedes ihrer Nageldesigns unzählige Details und zeichnet sich durch unglaubliche Präzision aus. Sie ist regelmäßig an hochrangigen Fotoshootings für Zeitschriften beteiligt. Sophie hat bereits für viele Designermarken weltweit an unterschiedlichen Projekten gearbeitet, wozu u. a. OPI, Nails Inc und Christian Dior gehören.

Außerdem hat sie die Nägel unzähliger Prominenter dekoriert und wird häufig damit beauftragt, Nägel gemäß der neuesten Fashiontrends für Zeitschriften zu kreieren. Sie hat Nägel für die Londoner Fashion Week gestaltet, und zwar für Designer wie PPQ, Matthew Williamson und Jasper Conran. Ihr Blog *The Illustrated Nail*, in dem sie ihre Designs vorstellt, hat mehr als 500 000 Leser weltweit, womit sie die Nagelszene Londons anführt.

Sophies wunderschöne Designs haben sogar *NailPhilia* inspiriert, die weltweit erste Nagelkunstausstellung, wo sie neben Größen der Branche wie Marian Newman ihre Nagelkunst vorstellen konnte. Durch ihre Arbeit hat sie jede Menge Anerkennung erhalten, wie beispielsweise in Zeitschriften wie *I-D*, *Stylist* und der *Teen Vogue*. Außerdem schreibt sie regelmäßig Beiträge für das professionelle Nagelmagazin *Scratch*.

Oben Kompliziertes und auffällig handgemaltes Nageldesign, das an ein Mosaikfenster erinnert.

Mitte rechts Moderne Interpretation eines Halbmondes, mit einem dreieckigen „Mond" in kräftigen Farben.

Rechts „Fruchtiges" Freihanddesign in frischen Nageltönen.

Oben links Auffälliges Blumendesign auf blickdichtem weißem Untergrund.

Unten links Ovale Nägel mit strahlenden Blumendesigns, die wie zufällig auf den Nägeln positioniert wurden.

Oben Mitte Farbenfrohes Streifendesign mit handgemalten schwarzweißen Oberschichten im griechischen Stil.

Mitte rechts Bunte Nägel im Pinselstrich-Look, angelehnt an die moderne Kunst.

Oben rechts Regenbogennägel, mit Schwammtechnik aufgetragene Farben, ergänzt durch weiße Punkte.

Unten rechts Pastellfarbene Regenbogennägel mit freihandgezeichneter, herzförmiger Kontur und räumlichem Negativ-Effekt.

Projekt:
GOTHIC CATHEDRAL

VON SOHPIE HARRIS-GREENSLADE

SIE BENÖTIGEN:

- Grundierung/Unterlack
- Schwarzer Nagellack
- Versiegelung/Überlack

- Holzspieß
- Farbige Strasssteine/Kristalle
- Schere

- Goldglänzendes Zierband
- silberfarbene Mikroperlen
- Goldglänzende Plättchen
- Bronzefarbenes Zierband

Sophie Harris-Greenslade demonstriert, wie man die dunklen Töne und Kreuzformen des Gothic-Stils auf Nägel überträgt.

1 Tragen Sie eine Grundierung sowie zwei Schichten eines schwarzen Nagellacks auf.

2 Applizieren Sie einen kleinen Punkt aus Überlack auf die Mitte der Nägel. Sparen Sie dabei die Ringfinger aus. Benutzen Sie einen Holzspieß, um auf jeden dieser Punkte einen Strassstein aufzusetzen. Drücken Sie die Steinchen fest.

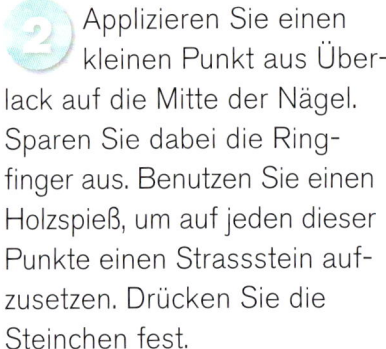

3 Schneiden Sie aus dem goldfarbenen Zierband zwei schmale Streifen aus. Mithilfe des Überlacks und einem Holzspieß werden die Zierstreifen in V-Form auf dem Nagel platziert. Wiederholen Sie dies auf jedem Nagel, auf dem ein Steinchen positioniert wird.

4 Schneiden Sie zwei weitere schmale Streifen aus und platzieren Sie diese vertikal an den Enden der V-Form, um so den oberen Teil des Kreuzes zu formen.

5 Schneiden Sie zwei weitere Streifen des Goldbandes aus und platzieren Sie diese horizontal.

6 Fügen Sie auch horizontal an jeder Seite des Steinchens V-Formen mit Goldband hinzu sowie zwei weitere Streifen, um die Arme des Kreuzes zu formen.

36

⑦ Fügen Sie vertikale Linien mit Zierband hinzu sowie V-Formen in Richtung Nagelspitzen, um die Kreuze zu vervollständigen.

⑧ Tragen Sie auf die acht Nägel mit den Kreuzdesigns eine weitere Schicht Überlack auf, bevor diese trocknen. Platzieren Sie kleine silberne Mikroperlen um die Strasssteine herum.

⑨ Tragen Sie den Überlack auf die Ringfinger auf. Schneiden Sie zwei Streifen Goldband aus und platzieren Sie dieses horizontal auf die Nagelspitze. Lassen Sie dabei etwas Platz.

⑩ Zwischen den Streifen platzieren Sie nun metallische Steinchen in einer Linie über den ganzen Nagel hinweg.

⑪ Platzieren Sie zwei Streifen Bronzeband oberhalb des Goldbands. Lassen Sie wieder etwas Platz. Schneiden Sie Quadrate aus dem Goldband aus und kleben Sie diese zwischen die Linien.

⑫ Tragen Sie eine weitere Schicht Überlack auf und platzieren Sie goldfarbene Plättchen in drei Reihen über dem Bronzeband.

⑬ Darüber platzieren Sie nun Bronzeband und anschließend Goldband.

⑭ Schneiden Sie einige Quadrate aus dem Goldband aus und platzieren Sie diese in einer Linie über den Bronze- und Goldstreifen.

⑮ Tragen Sie eine abschließende Schicht Überlack auf alle Nägel auf.

Links Lange Kunstnägel in Mandelform mit rosa-farbenem Schimmer und goldenen Schmetterlings-verzierungen, von Megu-mi Mizuno.

Girly

Das Geschlecht ist ein wichtiges Thema für Subkulturen, wobei die weibliche Sexualität durch Farben und Designs ausgedrückt werden kann. Typische Girly-Looks sind oft von Pastelltönen gekennzeichnet – insbesondere von Pink und Glitzerelementen.

Das Girly-Stereotyp wurde durch Filme und Spielzeuge beeinflusst, mit der Botschaft, dass ein richtiges Girly Blumen und pinkfar-bene Röcke oder Kleider tragen muss und dabei stets eine unbeschwerte und positive Lebenseinstellung ausstrahlt. Typische Akti-vitäten sind Einkaufen, Körperpflege sowie diverse Schönheitsmaßnahmen. Und Nagel-pflege gehört selbstverständlich zum Klei-dungsstil mit dazu.

Hübsches pinkfarbe-nes Blumendesign auf Motivnägeln, von Eva Darabos.

Links Auffälliges Na-geldesign mit rosa Ele-menten, einfarbigen Streifen und goldenen Nietenverzierungen.

Mitte links Hochglän-zende, ovale Nägel mit blasspinken Spitzen und silbernen abgerundeten Linien, von Megumi Mi-zuno, mit bunten Stein-chen als besonderer Blickfang.

Oben rechts Pastell-farbenes Nageldesign mit Meerjungfrauen-Mo-tiven, kreiert von Fleury Rose, auf Kunstnägeln.

Unten rechts Nägel in zartem Violett mit Tup-fen und Verzierungen auf Motivnägeln, von Fleury Rose.

Pink-weißer Marmor-effekt, von Sam Biddle.

Projekt: GÄNSEBLÜMCHEN

SIE BENÖTIGEN:

• Nagellack in Blau, Gelb und Schwarz

• Feiner Kunstpinsel

• French-Ball-Pinsel oder kleiner Pinsel

• Versiegelung/Überlack

Fleury Rose zeigt, wie man Nägel mit einem frischen, floralen und femininen Look versehen kann.

1 Tragen Sie zwei Schichten himmelblauen Lack auf und lassen Sie diesen für 5–10 Minuten trocknen.

2 Benutzen Sie einen spitzen Pinsel, um gelbe Teilkreise auf zwei gegenüberliegende Ecken eines jeden Nagels aufzutragen. Reinigen Sie den Pinsel.

3 Malen Sie mit dem Pinsel weiße Blütenblätter auf, indem Sie die Farbe seitlich der unteren gelben Teilkreise auftupfen und den Pinsel nach außen ziehen. Wiederholen Sie dies auf allen Nägeln.

4 Wiederholen Sie Schritt 3 mit dem oberen gelben Teilkreis auf allen Nägeln.

5 Benutzen Sie einen feinen Pinsel oder einen French-Ball-Pinsel, um kleine schwarze Punkte auf die Gänseblümchen aufzutragen. Lassen Sie es 10 Minuten trocknen und versiegeln Sie die Nägel mit Überlack.

Handgemaltes Rosendesign mit schwarzen Verzierungen.

Funkelnde, feminine Nägel mit Goldglitzer, Miniperlen, 3-D-Verzierungen und einem Touch Pink.

NAGELKÜNSTLERIN

Catherine Wong, Singapur

Catherine Wong ist eine wichtige Persönlichkeit in der Nagelbranche. Sie ist internationale Ausbilderin, Jurymitglied, aktive Wettbewerbsteilnehmerin sowie Beraterin im Bereich Produktentwicklung für Hersteller. Ihre Arbeiten wurden bereits in zahlreichen internationalen Nagelpublikationen vorgestellt und sie ist bekannte Gastkünstlerin in den USA, Europa, Mexiko, Australien, Korea, Japan und Asien. Sie hat viele Auszeichnungen erhalten und ist als Ausbilderin in der Nagelbranche hochangesehen, insbesondere in Singapur und Malaysia.

Unten Zartrosa Nägel mit hübschen Blumenmustern und gold- und silberfarbenen Verzierungen.

Nagelverlängerungen im Stiletto-Stil mit eingearbeiteten pinkfarbenen Glitzerelementen und 3-D-Blumen. Abgerundet mit Glanzsteinchen und Verzierungen.

Glamourös

Ein glamouröser Stil zeichnet sich aus durch aufwendige Kleider, Designermarken, ein gepflegtes Erscheinungsbild und jede Menge Glanz. Hauptsächliche Inspirationsquelle ist die Prominenten-Kultur, insbesondere der glamouröse Stil Hollywoods, wo Schauspielerinnen und Schauspieler sich anhand bestimmter Looks von der Masse abheben und dadurch Idealbilder schaffen.

Eleganz ist eine der Schlüsseleigenschaften des Glamour und kann durch ein schickes Nageldesign in Mandel- oder Stiletto-Form ergänzt werden. Im Nageldesign werden diesem Stil typischerweise Purpurrot oder andere Rottöne zugeschrieben, wie ebenso klassisches Schwarz, Gold und Silber. Glamour sollte zwanglos in Erscheinung treten und einen bestimmten luxuriösen Eindruck erwecken, wie beispielsweise anhand von geradlinigen Designs in Tönen, die zum Stil passen.

Oben Ein eleganter Nagellook, leicht von der französischen Maniküre beeinflusst. Das zeitlose, einfarbige Blumendesign wurde von Ami Vega gemalt.

Rechts Ein Halbmond-Design mit goldenen Verzierungen. Sophie Harris-Greenslade kreierte diese femininen Nägel in Mandelform.

Links Nägel in Squoval-Form, von Megumi Mizuno, mit einer Kombination aus Schildpatteffekt und Bronze auf schimmernden Nägeln.

Links Matte mandel-förmige Nägel mit Marmoreffekt und glamouröser Goldfolie im Bereich der Nagel-haut, von Megumi Mizuno.

Rechts Goldschim-mernde Nägel von Fleury Rose, mit schwarzen Dreiecken und kristallüberzo-genen Ringfingern.

Mitte rechts Hand ge-maltes Spitzenmuster in Kombination mit hautfarbenen Nägeln mit schwarzer Kontur, von Fleury Rose.

Links Ungewöhnlich verlängerte Nägel mit Verzierungen und Gold-folienspitzen, von Megu-mi Mizuno.

Unten Hübsche Nagel-spitzen mit Goldglitzer und Juwelenverzierun-gen, entworfen und hergestellt von Megumi Mizuno.

Rechts Ein anspruchs-
voller Nagelton mit Sil-
berfolie und Diamant-
details als Ergänzung
zum Schmuck.

TIPP

Benutzen Sie
Glitzer oder Nagelfolie
in Gold- und Silbertönen, um
einen besonderen Hingucker
zu kreieren. Verwenden
Sie Nagelschmuck oder ar-
beiten Sie ungewöhnliche
Materialien und Stoffe
mit ein.

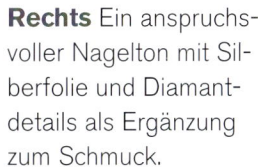

NAGELKÜNSTLERIN

Beth Fricke, USA

Beth Fricke ist dank
ihres Könnens, ihrer Detailtreue und ihrem
Talent im Bereich Nageldesign zur Trendset-
terin geworden und zudem zu einer prominenten Maniküristin in der Fashion-, Schön-
heits- und Unterhaltungsindustrie. Nachdem
Sie mit 18 Jahren in ihrer Heimatstadt Kan-
sas City die Ausbildung zur Nageldesignerin
abschloss, arbeitete Beth für einige Salons
und absolvierte ein Journalismus- und Kom-
munikationswissenschaftsstudium.

Sie vereinte die Fachberei-
che Maniküre und Medienwissen-
schaft und zog nach Los Angeles um, wo
sie fünf Jahre in den Bereichen Musikvideo-
und Werbefilmproduktion tätig war. Seitdem
konnte sie ihre Tätigkeitsfelder erweitern
und ihre Nagelarbeiten sind auf den Titel-
seiten von *Elle*, *Harper's Bazaar*, *Glamour*,
Nylon und weiteren Zeitschriften erschienen. Beth leistete bereits entscheidende
Beiträge zur Entwicklung neuer Trends im
Nageldesign und in der Nagelpflege. Außerdem hat sie einen beeindruckenden
Kundenstamm mit Prominenten wie Drew
Barrymore, Heidi Klum, Miranda Kerr
und Mariah Carey aufgebaut.

Links Ovale Nägel im
US-Banknoten-Stil.

KAPITEL 4

Fashion

Beginnt ein Designer mit der Kreation einer neuen Kollektion, so hat er oder sie häufig eine Muse im Hinterkopf – eine Person mit bestimmten Merkmalen, die im Leben einen ungewöhnlichen Weg gegangen ist und charakteristische Merkmale besitzt. Der Designer findet dann Stoffe und Materialien, die zu der Muse passen und entwickelt Designs, durch die ihre Merkmale transportiert werden.

Bei der Präsentation der fertigen Kollektion wird auf verschiedene Aspekte geachtet wie beispielsweise das Model selbst sowie Haar, Make-up, Schuhe, Nagelfarbe und -design. Während früher üblicherweise einfache oder unlackierte Nägel bevorzugt wurden, um die Aufmerksamkeit nicht von der Kleidung abzulenken, haben sich viele Designer in den letzten Jahren vermehrt immer mehr für farbige Nägel und Designs entschieden, um den gesamten Look zu unterstreichen.

Schon Wochen vor der Präsentation einer neuen Kollektion arbeiten die Fashiondesigner mit Haar-, Make-up, Nagel- und Stylingexperten zusammen, um die verschiedenen Elemente miteinander zu kombinieren und die Kollektion auf bestmögliche Art und Weise vorzustellen. Nach der Präsentation wird die Kollektion in tragbare und kostengünstigere Varianten umgesetzt und die Modezeitschriften beginnen damit, diese als Trends für die nächste Saison bekanntzumachen.

Links Auffällig gelbe und goldene Nägel von CND als Ergänzung einer Frühling/Sommer-Kollektion von The Blonds und dem dazugehörigen Make-up.

Die individuelle Interpretation eines Fashiontrends ist eine ganz persönliche Sache. Dies kann auf sehr extreme Art und Weise geschehen, indem jemand versucht, den gesamten Trend nachzuempfinden, oder auf etwas subtilere Art, durch das Tragen eines anderen Make-ups oder Nagellooks.

Klassisch & SCHICK

Obwohl die Fashionwelt zunehmend mehr im Bereich Nageldesign experimentiert, so bevorzugen viele Designer für ihre Models nach wie vor blanke, farblose Nägel im französischen Stil, wenn sie ihre Kollektionen vorstellen. Blanke Nägel oder französische Maniküre verleihen die Illusion von verlängerten Fingerspitzen und bieten ein sauberes, gepflegtes Finish, das zu jeder Kleidung und Farbe passt. Dieser Stil, genauso wie einfache, gut gefeilte Nägel, eventuell mit einem Klarlack versehen, stellen eine ideale Option für den alltäglichen Look dar, insbesondere im Geschäftsalltag. Die Form kann individuell unterschiedlich sein, je nachdem, welchen Frauentypus der Designer darstellen möchte, oder auch in Abhängigkeit vom praktischen Nutzen für die Trägerin: von quadratisch bis mandelförmig für den femininen, legeren Alltagslook oder spitze verlängerte Nägel für ein leidenschaftliches, kraftvolles Aussehen.

Einfache schwarze Nägel mit einem glänzenden oder matten Überlack sind ein schicker Nagellook. Obwohl sie nicht zu blasser Haut passen (es sei denn, man wünscht einen Gothic-Look), sind schwarze Nägel – so wie das kleine schwarze Abendkleid – eine elegante Ergänzung zu den meisten Ensembles. Am beliebtesten ist dies in den Wintermonaten, wobei ein blickdichter weißer Nagellack im Sommer einen ähnlichen Effekt hat.

Unten links Diese Models tragen natürliches Nageldesign, von CND für Alexander Wangs Herbst-/Winter-Kollektion.

Unten rechts Nägel mit abgerundeten Spitzen, gestaltet von Antonio Sacripante, in goldenem Lack und passend zu den Accessoires von Gennys Frühling-/Sommer-Show.

Links Ein Modell prä-
sentiert dezente Nagel-
töne, ausgewählt von
CND für Alexander
Wangs Herbst-/Winter-
Kollektion.

Unten links Natürliche
Nägel mit leichtem Glanz
verleihen den Fingern
optisch mehr Länge.
Diese Nägel, entworfen
von Antonio Sacripante
und seinem Team für
Gianfranco Ferré, Kollek-
tion Frühling/Sommer,
stellen sicher, dass das
Auge des Betrachters
auf die Kleidung der Kol-
lektion gelenkt wird.

Unten rechts Nägel in
leicht quadratischer Form
und transparent marmo-
risiert, von CND für Ale-
xander Wangs Herbst-/
Winter-Kollektion.

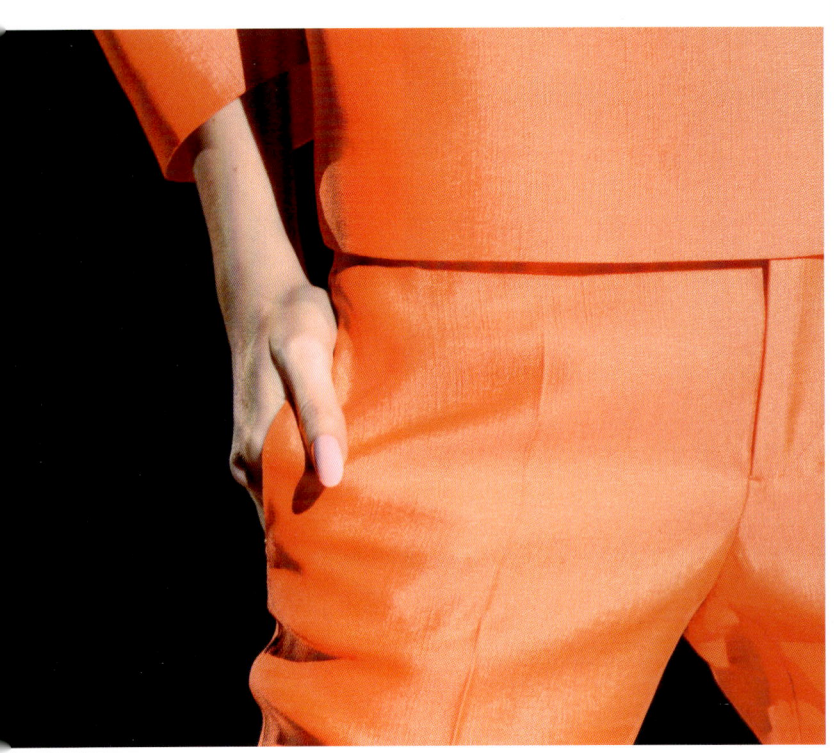

Bildergalerie

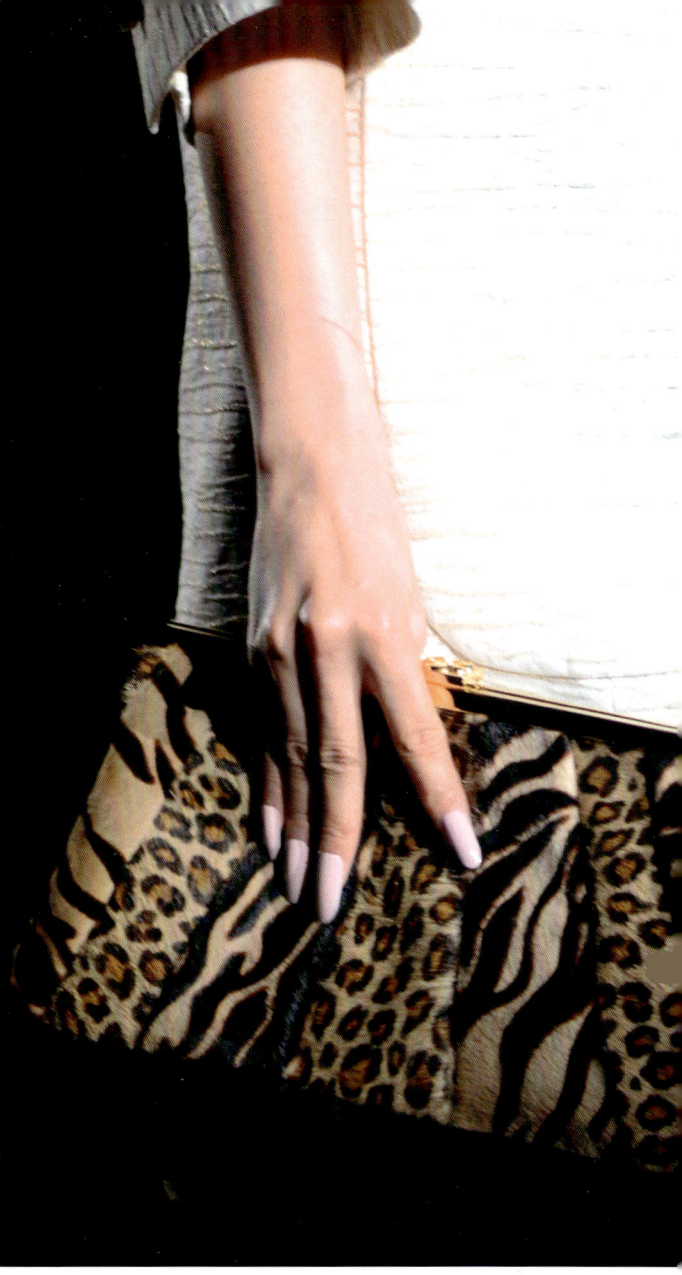

Oben links Hübsche pinkfarbene Nägel in Mandelform, von Antonio Sacripante und seinem Team als Kontrastgeber für die Kollektion DSquared2 Frühling/Sommer entworfen.

Links Eine weitere Nahaufnahme von Nägeln aus der DSquared2-Show. Das blasse Pink der Nägel ergänzt die Kollektion um einen dezent-femininen Touch und passt somit zu den dort auftauchenden hellen Farbtönen.

Oben rechts Nahaufnahme des femininen Nageldesigns aus der DSquared2-Kollektion Frühling/Sommer, konzipiert von Antonio Sacripante.

Links und unten links Kurze, natürlich wirkende Nägel, entworfen für Alexander Wang, von einem Nageldesignerteam von CND, passend zum dezenten Make-up seiner Herbst-/Winter-Kollektion.

Unten Mitte Feminine, blass-pinke Nägel als Kontrast zu den überschwänglichen Mustern und kräftigen Farben von Antonio Sacripante und Team für die DSquared2-Frühling-/Sommer-Kollektion.

Unten rechts Hübscher Goldschimmerlack, der von Antonio Sacripante und Team eingesetzt wurde, um Stoffelemente der Genny-Frühling-/Sommer-Kollektion zu ergänzen.

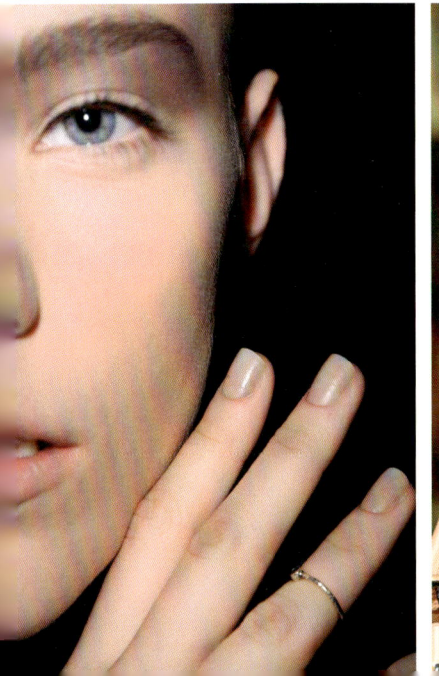

NAGELKÜNSTLER

Antonio Sacripante, Italien

Antonio Sacripante kam zur Nagelbranche, nachdem er die Universität absolvierte hatte und aus eigenem Interesse sein Wissen über Polymere direkt auf Nagelprodukte und die Nagelkunst anwendete. Nachdem er eine Reihe von Nagelwettbewerben gewonnen hatte, führte ihn seine kreative Ader in die Fashionwelt, wo er die Nagelteams für verschiedene Shows anleitete, wie beispielsweise seit 2007 die Milan Fashion Week sowie Les Copains und D-Squared2. Er besitzt den Titel *Dean of Education* (Ausbildungsdekan) für eine der größten Marken im Bereich der Nagelbranche weltweit, nämlich der *Hand and Nail Harmony*. In Italien leitet er sein eigenes Ausbildungszentrum, arbeitet mit Prominenten und nimmt als Jurymitglied an Nagelwettbewerben teil.

Antonio erscheint regelmäßig in Russlands *World Fashion Channel* als Experte für Nagelfashion und 2013 steuerte er für eine Ausstellung für italienische Kultur in den USA ein Nageldesign auf 12 Nagelspitzen bei. Dank seiner Expertise im Bereich des Miniatur-Nageldesigns konnte Antonio ein Waldgebiet am Meer gestalten und zwar unter Verwendung von natürlichen Materialien wie Eichenrinde und getrockneten Blüten.

„Jedes Mal, wenn ein Designer mich darum bittet, Nägel für eine seiner Kollektionen zu kreieren, verbringe ich viel Zeit mit dieser Person, um in Gesprächen herauszufinden, welche Art Nagelkunst am besten zu seiner Philosophie und Kollektion passen würde. Es handelt sich jedes Mal um einen gemeinsamen Erfolg; die Designer wissen, was genau sie auf ihren Laufstegen wollen und ich wiederum muss einen Weg finden, ihnen genau das zu geben. Hierbei kann es zu interessanten Überraschungen kommen."

Antonio Sacripante

Seite 50, oben links
Ein Nagelverlänge-
rungsdesign, konzipiert
von Antonio Sacripante
für die DSquared2-
Frühling-/Sommer-
Kollektion.

Seite 50, oben rechts
Ein Model präsentiert
elegante, mandelför-
mige Nägel bei der
DSquared2.

Oben links Blasse
Mandelnägel bei der
DSquared2 verleihen
auffälligen Stoffen der
Kollektion noch mehr
Aufmerksamkeit.

Unten links Models
von Stella Jean zeigen
leuchtende Nageltöne
zu gewagten Looks.

Rechts Auffällige ma-
gentafarbene Nägel be-
gleiten belebte Muster
auf der Stella-JeanFrüh-
ling-/Sommer-Show.

Unten rechts Schim-
mernder Goldlack auf
natürlichen Nägeln für
die Genny-Frühling-/
Sommer-Fashionshow.

Drucke & MUSTER

Durch das Tragen eines modernen Nageltons oder das Übertragen eines Elementes einer Kollektion auf die Fingernägel kann man auf günstige Art und Weise einen Trend repräsentieren. Design und Beschaffenheit eines ausgewählten Stoffes können auch mithilfe bestimmter Nagelkunst-Werkzeuge, Lacke und sogar Schablonen auf die Nägel übertragen werden.

Wenn Teams von Nagelkünstlern mit High-Fashion-Designern zusammenarbeiten, entwerfen sie anhand verschiedener Ideen Konzepte für die Designer und überlegen sich dabei ganz genau, was zu Farben, Mustern oder Elementen der Designs passt. Auch die Form der Nägel kann von entscheidender Bedeutung sein, wenn es darum geht, die Persönlichkeit einer Muse auszudrücken.

Oben rechts Hellgelbe, kristallbesetzte Nägel von CND, die perfekt zu einem Modul von The Blonds der Frühling-/Sommer-Kollektion passen.

Mitte rechts Ein helles, aussagekräftiges Nageldesign von CND, passend zum Make-up der Frühling-/Sommer-Kollektion von The Blonds.

Unten links Detailansicht eines der vielen Nagedesigns von CND für The Blonds.

Unten Mitte Beliebig dekorierte Nägel im Metallic-Look von CND für die The Blonds-Frühling-/Sommer-Fashionshow.

Oben links Intensivrote, spitzförmige Nagelverlängerungen mit blauen Kristallen, von Sophie Harris-Greenslade verziert, um optisch einen Mantel zu begleiten.

Oben rechts Handgemaltes Karodesign von Sophie Harris-Greenslade.

Unten links Nägel, die durch verschiedene Stoffe und Texturen inspiriert wurden, mit wiederkehrenden Goldverzierungen, handgemalt von AstroWifey.

Unten rechts Detailansicht eines handgemalten Floraldesigns von Sophie Harris-Greenslade, angelehnt an Elemente der Kleidung des Models.

Das professionelle Nagelunternehmen CND wurde von Designer Michael van der Ham ausgewählt, um künstlerische Nageldesigns für seine Kollektion Frühling/Sommer 2014 zu kreieren. Die Inspiration für die Kollektion von van der Ham stammte aus dem Fotobuch *Farm* von Jackie Nickerson, welches die schöne Kleidung von Farmarbeitern in Simbabwe zeigt. Während die Stofftöne sich zu blassen, ausgefallenen Pastelltönen sowie hellgelben und marineblauen Nuancen entwickelt haben, verstärkt van der Ham seinen charakteristischen Stil, indem er ungewöhnliche Textilien mit dezenten Schnitten mischt, um so seine Muse zu präsentieren: eine spontane, freigeistige Frau mit femininen und vielseitigen Kanten.

Dem CND-Mitbegründer Jan Arnold wurden die ursprünglichen Designs und Stoffe gezeigt und entsprechende Ideen für die Nagelgestaltung mit van der Ham besprochen, bevor in Zusammenarbeit mit einem Team von Nagelkünstlern vier endgültige Nagellooks für die Models kreiert wurden. Diese Nageldesigns sollten weich aussehen, angelehnt an romantische und impressionistische Gärten, um so einen skurrilen, fast himmlischen Stil zu kreieren, der van der Hams Muse reflektieren konnte. Um diesen freien, vielseitigen Frauentypus darzustellen, wurden die Nägel in eine legere, einfach zu tragende Form gebracht, und zwar mit Farbkombinationen wie Gelb und Grau, Aquamarin und Schwarz, dunkles Marineblau und Lila sowie Pink, Grau und Korallenrot.

Ein Model auf dem Laufsteg trägt eines der vier Nageldesigns, die von CND speziell für Michael van der Hams Frühling-/Sommer-Kollektion kreiert wurden.

Michael van der Ham

Michael van der Ham wurde in den Niederlanden geboren und absolvierte einen Magister-Studiengang für Mode und Fashion am Saint Martins College für Kunst und Design in London. Seit der Londoner Fashion Week 2009 präsentiert er dort seine Kollektionen und zählt sogar zu den Empfängern des *British Fashion Council's NEWGEN Sponsorings*. Er wurde von den *British Fashion Awards* für seine Ready-To-Wear-Designs anerkannt, die elegante Silhouetten mit einzigartigen Stoffen und Texturen kombinieren.

Michael wurde von Kostümdesigner Suttirat Larlarb und Direktor Danny Boyle damit beauftragt, 250 Kostüme für einen der Abläufe der Eröffnungsfeier der Londoner Olympiade im Juli 2012 zu entwerfen.

Seite 54, oben Verschiedenartige Drucke und edle Stoffe der Kollektion präsentierten Elemente von Michael van der Hams Muse und inspirierten somit das Nageldesign von CND.

Seite 54, Mitte Detailansicht eines verwendeten Stoffes, mit Nägeln von CND, um den Look zu vervollständigen.

Seite 54, unten Ein Model auf dem Laufsteg der Frühling-/Sommer-Show von Michael van der Ham.

Links Ein Model im Backstagebereich, mit einem der vier Nagellooks, die für van der Hams Kollektion entworfen wurden.

Oben rechts Eine Detailansicht der gelben und schwarzen Nägel, die CND speziell für Michael van der Hams Textilien und Stoffe der Frühling-/Sommer-Kollektion kreiert hat.

Rechts Impressionistische CND-Nageldesigns für Michael van der Ham, Frühling/Sommer, mit Schwamm- und Schichttechniken, ausgeführt mit CND Vinylux.

STYLISTIN

Jan Arnold

CND (früher Creative Nail Design) wurde von Jan Arnold mitbegründet. Ihre Erfahrung als Markenentwicklerin hat zum weltweiten Erfolg des Unternehmens beigetragen. Sie gilt als „First Lady der Nagelfashion" und hat diese High-Fashion-Marke durch ihr persönliches Stilbewusstsein entscheidend geprägt.

Jan stellt eine wesentliche Verbindung zwischen der Nagelindustrie und der internationalen High Fashion dar und war Wegbereiterin für kundenspezifische Nagelstile für Top-Designer weltweit, wie beispielsweise Alexander Wang, Michael van der Ham, Jason Wu, Phillip Lim und The Blonds. Jan bewertet Fingernägel als das „ultimative Fashion Accessoire – das perfekte I-Tüpfelchen zu Outfit und Persönlichkeit und einem ausschlaggebenden Stil-Statement".

„In den letzten Jahren sind auch Mainstream-Designer immer experimenteller geworden, wenn es um Farbe, Design und Textur geht. Nagelkunst bekommt einen immer höheren Stellenwert zugeschrieben, da es sich hierbei um ein leicht erhältliches Laufsteg-Statement handelt. Innerhalb weniger Jahre hat sich die allgemeine Definition der ‚Nagelkunst' von buchstäblich Sternen und Regenbögen zu wesentlich anspruchsvolleren Designs gewandelt, die nun als Nagelfashion betrachtet werden."

Jan Arnold

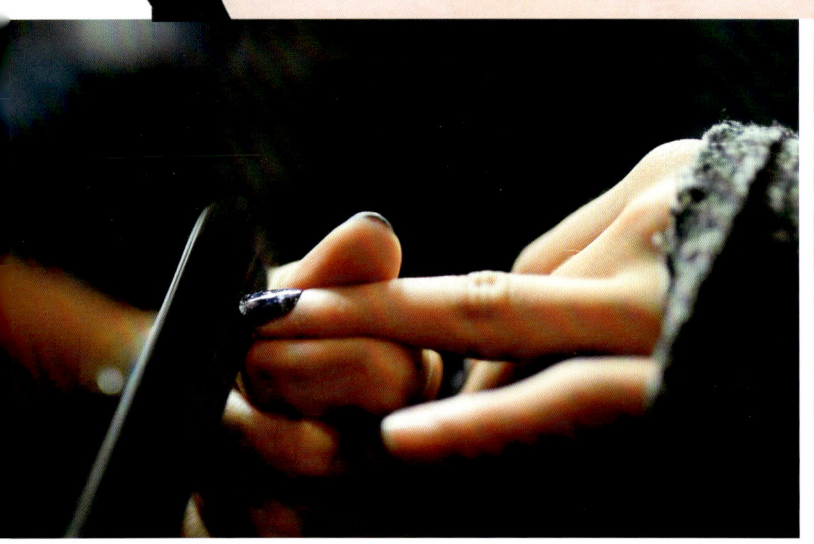

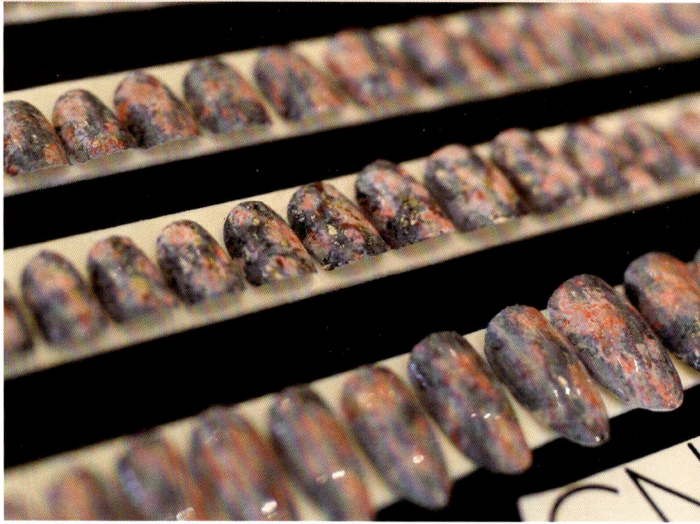

Oben links Der letzte Schliff vor dem Laufsteg. Ein Model von Michael van der Ham, Kollektion Frühling/Sommer.

Oben rechts Einige Nageldesigns, auf Nagelspitzen vom CND kreiert, fertig für die Models.

Projekt:
KOLLEKTION MICHAEL VAN DER HAM, FRÜHLING-/SOMMER-KOLLEKTION
VON AMANDA FONTANARROSA

Amanda Fontanarrosa, Ausbildungsbotschafterin und Presse-sprecherin bei CND, zeigt Ihnen die grundlegenden Schritte einer Nagelkreation für die Kollektion Frühling/Sommer von Michael van der Hams.

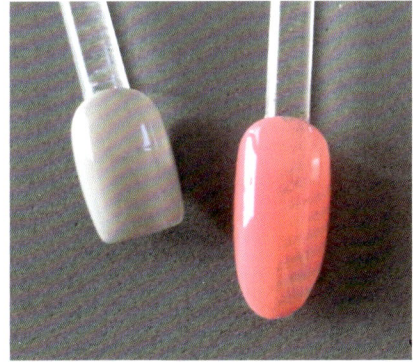

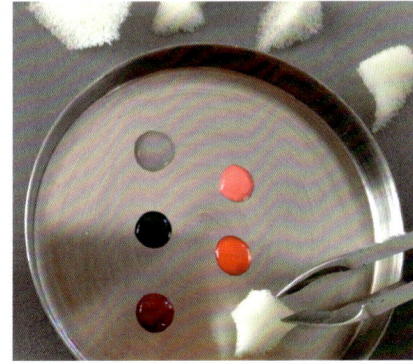

1 Bringen Sie die Nägel mit einer gewöhnlichen Nagel-feile in Mandel- oder Quadrat-form und tragen Sie zwei Schich-ten des gewählten Farbtons auf. Bild: Quadratförmiger Nagel, bemalt mit CND Vinylux City-scape und ein mandelförmiger Nagel mit CND Vinyl Gotcha.

2 Geben Sie einige Tropfen der vier bis fünf gewähl-ten Nagelfarben auf eine Unter-lage. Bild: CND Vinylux-Farben in Asphalt, Lobster Roll, City-scape, Gotcha und Married to the Mauve.

3 Tupfen Sie mit Schwäm-men und Pinzetten etwas von der ersten Farbe willkürlich auf alle zehn Nägel. Lassen Sie sie trocknen.

4 Tupfen Sie eine zweite Farbe auf. Fahren Sie ebenso mit den restlichen Farben fort. Lassen Sie jede Farbe trocknen, bevor Sie die nächste auftragen, damit sie nicht verschmieren. Zum Schluss tragen Sie den Überlack auf.

Oben Nahaufnahme einer weißen 3-D-Nagelspitze von CND für The Blonds.

Links Ombre-Nagel mit Kristallverzierung und einem Hauch Glitzer, aus der Kollektion CND für The Blonds Frühling/Sommer.

Unten Hellgelbe Nägel mit metallisch-grüner Oberschicht von CND für The Blonds.

Bildergalerie

Oben Nageldesign von Fleury Rose, angelehnt an Farben, Muster und Stoffe eines Kleides.

Links Durch die Schuhe von Christian Louboutin inspirierte Nägel, mit roter Unterseite und punktförmiger Spitze, von Fleury Rose.

Rechts Ein Model mit hellrosa Nagellack von Antonio Sacripante zur Ergänzung der kräftigen Farben der Stoffe von Stella Jean.

Trendige
FINGERSPITZEN

Die Nagelkunst hat inzwischen auch auf dem Catwalk Einzug gehalten. Viele Designer haben ihre Bedeutung für Erscheinungsbild, das gesamte Äußere und damit die Ausdrucksmöglichkeiten von Persönlichkeit und Trends entdeckt. In Zusammenarbeit mit Nageldesignmarken entwickelten sie ihre eigenen Nagelkollektionen, unter Berücksichtigung von saisonalen Kollektionen und des eigenen Stils.

Die Nagelmarke Revlon entwickelte Appliqués auf der Grundlage von Designs des Modelabels Marchesa. Marken wie Burberry, Dolce & Gabbana oder Tom Ford entwickelten Nagellackfarben passend zu ihren saisonalen Kollektionen. Die Designunternehmen Giles Deacon und Meadham Kirchoff arbeiteten eng mit Nail Rock zusammen und der britische Designer Henry Holland entwickelte aufklebbare Fingernägel für Elegant Touch. Catwalk-Nägel sind inzwischen für jedermann erschwinglich.

Rechts Mandelförmige Nägel mit gebrochenem Herz, von Henry Holland für Elegant Touch.

Unten links Aufklebbare Fingernägel im Streberstil, in Anlehnung an Taschenrechner und Sonnenbrille, von Henry Holland für Elegant Touch.

Unten rechts „Heartbreaker"-Nägel – blank mit rotem Herz auf der Spitze – von Henry Holland für Elegant Touch.

Henry Holland

Der promovierte britische Journalist Henry Holland schaffte 2006 mit seinen „Fashion Groupies"-Slogan-T-Shirts unter der Marke House of Holland den Einstieg in die Modebranche. Die T-Shirts mit prägnanten Sätzen zu den Namen berühmter Modedesigner erregten in der Modewelt viel Aufmerksamkeit. Im Februar 2008 präsentierte House of Holland seine erste eigene Show bei der *London Fashion Week*.

Henrys Designs sind im Stil des „London Girls". Seine Inspirationsquellen sind die kulturelle Vielfalt und das mentale Charisma der britischen Hauptstadt. Sein House of Holland Girl ist „cool, selbstbewusst und klug. Sie trägt die Marken, nicht die Marken sie!"

House of Holland ist bei vielen Prominenten sehr beliebt und brachte bereits für viele Accessoire-Marken unter anderem Strümpfe und Brillen heraus. Im September 2013 präsentierte die beliebte britische Nagelmarke Elegant Touch in Zusammenarbeit mit House of Holland aufklebbare Fingernägel im Stil seiner Kollektionen zur *London Fashion Week*.

„Die Nägel der Kollektionen von House of Holland sind ein Statement, nicht nur eine Idee. Solch feine Details machen den Look aus. Für die Shows von House of Holland wird ein Charakter geschaffen, den wir als unsere Frau der Saison präsentieren. Details wie Haar, Schönheit, Nägel und Schmuck sind uns dabei genauso wichtig wie Kleidung. Die Nagelkunst setzt ihre eigenen Trends und verfolgt diese. Eine gute und kostengünstige Möglichkeit, Spaß mit Farbe und Mode zu haben."

Henry Holland

Rechts Ausdrucksstarker Nagelstil mit aufklebbaren Fingernägeln von Elegant Touch/Henry Holland.

Projekt:
TIGERDRUCK
VON SAM BIDDLE

SIE BENÖTIGEN:

• Grundierung/Unterlack

• Orangefarbener Glitzerlack

• Feiner Pinsel

• Acrylfarben oder Hobbyfarben auf Wasserbasis in Creme, Gold und Schwarz

• Matter Überlack

Sam Biddle zeigt Ihnen, wie Sie ein Kleidungsstück mit Animal Prints mit einem passenden Nageldesign abrunden und dabei richtig gut aussehen.

1 Tragen Sie die Grundierung auf und darüber zwei dünne Schichten des orangefarbenen Glitzerlacks. Lassen Sie alles trocknen.

2 Tragen Sie mit einem trockenen Pinsel, z. B. einem alten Make-up-Pinsel, Acrylfarbe oder Hobbyfarbe in Creme auf die Mitte der Nägel auf.

TIPP

Es wirkt noch cooler, wenn Sie die Tigerstreifen auf die Ringfinger malen und auf die anderen Nägel andere Farbkombinationen auftragen.

3 Verstreichen Sie etwas goldene Farbe über dem Cremeton, sodass die darunterliegenden Farben noch durchschimmern.

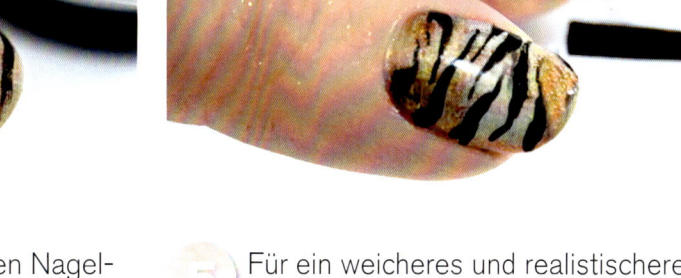

Tragen Sie mit einem dünnen Nagelpinsel Tigerstreifen mit breiter Basis und schmaler Spitze in schwarzem Nagellack oder Acrylfarbe auf die Nägel auf. Bemalen Sie so den ganzen Nagel. Lassen Sie alles trocknen.

Für ein weicheres und realistischeres Gesamtbild tragen Sie eine Schicht matten Überlack auf alle Nägel auf.

KAPITEL 5

Accessoires

Eine aussagekräftige Kette, ein schöner Ring oder eine dekorative Tasche können den Nagelstil beeinflussen. Accessoires und Nageldesign können sich perfekt ergänzen. Oftmals sind kunstvoll gestaltete Nägel selbst schon ein wirkungsvolles Accessoire, mit dem sich auf kostengünstige Art ein Outfit aufpeppen und ein Trend widerspiegeln lassen. Das Tolle am Nageldesign ist, dass es schnell und einfach anzupassen ist und somit häufig wechselnde persönliche Trends bei Accessoires und Kleidung abrunden kann.

Accessoires sind Teil unserer täglichen Modeentscheidungen und spiegeln den persönlichen Stil wider. Die Vielzahl von Accessoires, von Schmuck bis hin zu Taschen, Schals, Haarschmuck und Gürteln, schafft jede Menge Inspiration für das Nageldesign. Konzentrieren Sie sich auf einen kleinen Bereich der Accessoires und versuchen Sie diese mit Lack, Abziehbildern und 3-D-Elementen, welche die Stoffe widerspiegeln, auf Ihre Nägel zu bringen.

Wenn Sie Accessoires als Inspiration für die Nagelkunst nutzen, können Sie das Design auf Ihre Fähigkeiten abstimmen. Sind Ihre Fähigkeiten in der Nagelkunst begrenzt, dann entscheiden Sie sich für ein einfaches Element Ihrer Accessoires, wie z. B. die Farbe. Wenn Zeit und Fähigkeiten es erlauben, können Sie auf komplizierte Details umsteigen.

Links Nageldesign in kräftigem Blau von Eva Darabos, mit Blumen und Schmetterlingen, passend zu einem Ring.

Eva Darabos, Ungarn

Eva Darabos ist seit 2002 im Bereich des Nageldesigns ein Begriff. Zahlreiche Wettbewerbserfolge, darunter 12 Goldmedaillen bei der renommierten *Nailympia London*, sorgten für ihre Bekanntheit. Sie bedient sich vielfältiger Nageltechniken und -produkte.

Die ehemalige Wirtschaftswissenschaftlerin ist dreimalige europäische und zwölfmalige ungarische Nagelmeisterin. Sie ist weltweit unterwegs und tauscht ihre Erfahrung stets mit anderen Nageldesignern aus. Außerdem betreibt sie ein Nagelstudio in Budapest. Hier gründete sie auch die Eva Darabos Nagelakademie, wo zukünftige Nageldesigner in Produktanwendung und -design ausgebildet werden.

Unten links Handgemaltes Blumennageldesign mit passendem Ring.

Oben rechts Französische Maniküre mit Nägeln in schönem Rosa und Blumendetails.

Unten rechts Ungewöhnliche Nagelform mit Schattierungen in Türkis und Weiß, passend zum Accessoire.

Ideen für
ACCESSOIRES

Als Inspirationsquelle fürs Nageldesign ist alles geeignet: von der Bonbonverpackung über Spielkarten bis hin zu Gegenständen, die mit einem bestimmten Thema verbunden sind. Manche Objekte können sogar direkt in das Design eingebunden werden. Flache Gegenstände wie Papierchen können in Stücke geschnitten und mit Nagellack an der Nageloberfläche befestigt werden – eine gute Möglichkeit, wenn Ihnen Nageldesign besonders schwierig erscheint oder Sie nur wenig Zeit haben.

Fürs Nageldesign können verschiedenste Materialien verwendet werden. Verteilen Sie z. B. kleine Perlen auf dem nassen Lack und lassen Sie das Ganze für ein zum Schmuck passendes 3-D-Design trocknen. Eine gute Idee sind auch Nagellacke mit besonderen Effekten. Manche von ihnen sorgen zum Beispiel für eine leder- oder jeansartige Oberfläche, wodurch die Nägel an ein Kleidungsstück oder eine Tasche angepasst werden können.

Oben links Elegante Stiletto-Nägel von Michelle Sproat ergänzen eine Abendtasche.

Mitte Handgemalte Nagelspitzendesigns von Sam Biddle, von Konfekt inspiriert.

Oben rechts Schwarze, matte Nägel mit befestigten Verzierungen von Sophie Harris-Greenslade.

Rechts Megumi Mizuno dienten Spielkarten als Inspiration für ein 3-D-Design auf Nagelspitzen.

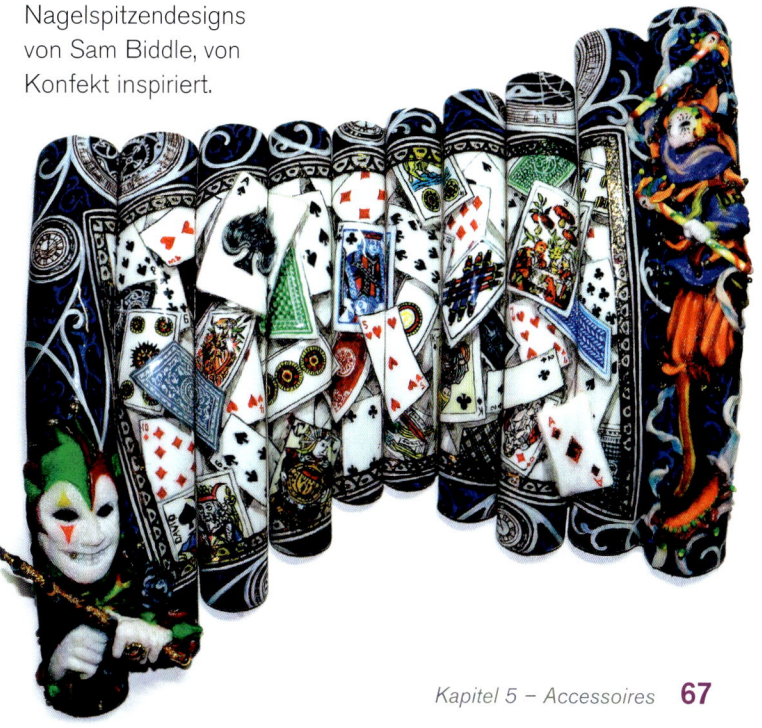

Projekt: ACCESSOIRE-NÄGEL
VON EVA DARABOS

SIE BENÖTIGEN:
- Grundierung/Unterlack
- Silbermetallic-Nagellack
- Nagellack in Schwarz
- Feiner Pinsel
- Strasssteine in verschiedenen Größen
- Überlack/Versiegelung

Eva Darabos zeigt Ihnen, wie Sie Schmuck als Grundlage für ein schickes Nageldesign nutzen können.

1 Tragen Sie zunächst die Grundierung und anschließend zwei dünne Schichten Silbermetallic-Nagellack auf alle Finger auf, die Ringfinger ausgenommen.

2 Tragen Sie eine Grundierungsschicht und anschließend zwei dünne Schichten schwarzen Nagellacks auf die Ringfinger auf. Lassen Sie alles mindestens zwei Minuten trocknen.

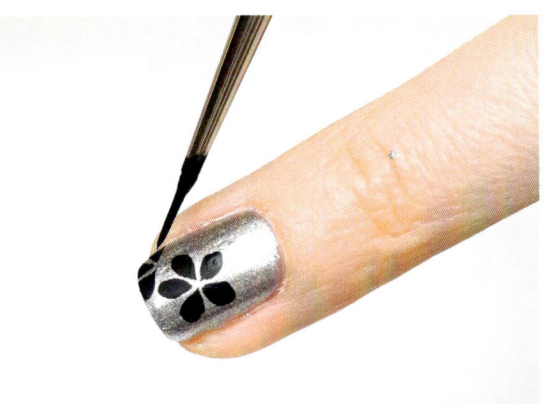

3 Tauchen Sie einen dünnen Pinsel mit spitzem Ende in den schwarzen Nagellack und malen Sie Blumen auf die silbernen Nägel. Variieren Sie bei den acht Nägeln die Position, Größe und Anzahl der Blumen.

4 Wiederholen Sie Schritt 3 auf den Ringfingern mit silbernem Nagellack.

TIPPS VON EVA DARABOS

1. Verwenden Sie Farbtöne mit zeitloser und klassischer Wirkung wie Silber, Schwarz, Weiß, Rot, Blau oder Rosé.

2. Verwenden Sie für das Nageldesign Acrylfarbe, da sie schneller trocknet als Nagellack und sich somit besser bearbeiten lässt.

3. Experimentieren Sie mit verschiedenen Überlacken: matt, Glitzer, glänzend oder holografisch – Ihre Nägel werden ein Blickfang sein!

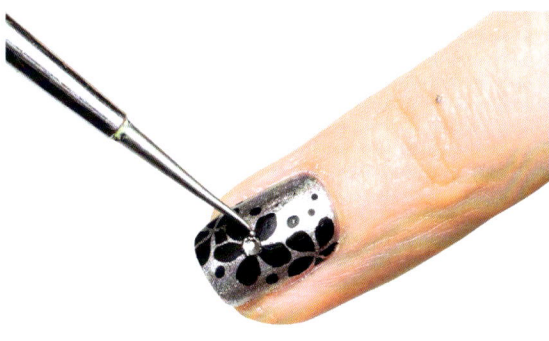

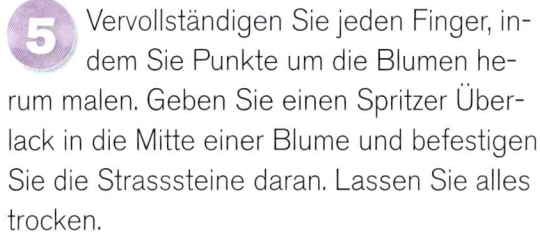

5 Vervollständigen Sie jeden Finger, indem Sie Punkte um die Blumen herum malen. Geben Sie einen Spritzer Überlack in die Mitte einer Blume und befestigen Sie die Strasssteine daran. Lassen Sie alles trocken.

6 Tragen Sie eine dünne Schicht Überlack auf alle Nägel auf und lassen Sie sie trocknen.

Mitte Ein schöner Ring, ergänzt von Nägeln von Catherine Wong mit eingearbeiteter Folie und handgemalten Silberdetails.

Unten links Verlängerte Nägel mit Punktdetails und Blautönen an der Spitze, von Eva Darabos.

Unten rechts Nägel von Eva Darabos, die in Farbe und Form von Perlen inspiriert wurden.

Seite 71, unten links Auffällige, kurze, schwarze Nägel von Sophie Harris-Greenslade, mit Verzierungen aus Goldfolie, passend zu den Ringen.

Seite 71, unten rechts Farbenfrohes Nageldesign von Sam Biddle mit Schatten und Glanz, von den Accessoires inspiriert.

Oben links Von einem Fabergé-Ei inspiriertes 3-D-Nageldesign von Sophie Harris-Greenslade, aus Nagellack, goldener Nagelfolie und Perlen.

Bildergalerie

Oben Funkelnde Nägel von Fleury Rose mit Blumen und schönen Details, durch einen Ring inspiriert.

Rechts Funkelnde, ovale Nägel in Edelstein-farben, mit Strasssteinen verziert, von Sophie Harris-Greenslade, als perfekte Ergänzung zum Schmuck.

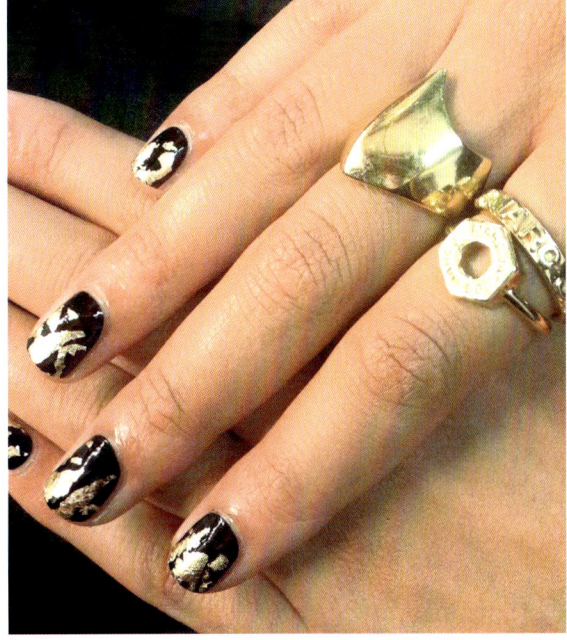

KAPITEL 6
Nägel für besondere ANLÄSSE

Mit speziell für den jeweiligen Anlass angefertigten Nägeln können Sie auf unterhaltsame Weise die Stimmung des jeweiligen Moments einfangen. Die Designmöglichkeiten sind nahezu unbegrenzt. Am besten tragen Sie sich besondere Ereignisse in Ihren Kalender ein, sodass Sie genug Zeit haben, um sich über das Aussehen Ihrer Nägel Gedanken zu machen. Für kurz andauernde Ereignisse wie Geburtstage, Preisverleihungen oder den Valentinstag ist ein schöner Nagellack genau das Richtige. Für längere Zeitabschnitte wie die Weihnachtszeit empfiehlt sich ein komplettes Nageldesign, das bis zu drei Wochen hält.

Ein Nageldesign für besondere Anlässe kann nach Belieben einfacher oder auch aufwendiger ausfallen. Einen dezenten Hinweis auf das jeweilige Ereignis können Sie mit geeigneten Farben geben. Wünschen Sie jedoch einen echten Blickfang, so fragen Sie Ihren Nageldesigner nach Bildern, unüblichen Nagelformen oder 3-D-Nagelspitzen für Ihre Nägel. Im Hinblick auf die richtigen Nägel für besondere Anlässe sind der Phantasie keine Grenzen gesetzt. Als Inspiration können mit dem Ereignis in Zusammenhang stehende Gegenstände und Farben dienen.

Links Feminine, hell-pinkfarbene Glitzernägel von Samantha Grant, passend zum Brautstrauß.

NAGELKÜNSTLERIN

Gemma Lambert, Großbritannien

Unter den Top-Nageldesignerinnen Europas ist Gemma Lambert zu nennen. Sie ist 12-malige Preisträgerin im Nageldesignwettbewerb und begann ihre Karriere 1997. Dank ihrer Kreativität und ihres komplexen und inspirierenden Designs konnte sie mittlerweile Nageldesigner aus aller Welt begeistern.

Gemma beschreibt ihren Nagelstil als „farbenfroh und individuell". Ihre Entwürfe erschienen bereits in zahlreichen Nageldesignmagazinen. Sie nimmt weltweit regelmäßig als Jurymitglied an Preisverleihungen teil. Zudem möchte sie die Industriestandards verbessern und hilft anderen Designern dabei, ihren künstlerischen Stil zu entwickeln und sich auf Wettbewerbe vorzubereiten.

2013 wurde Gemma in Großbritannien zur Nageldesignerin des Jahres gekürt. Außerdem gewann sie bei den *Scratch Stars Awards*, der einzigen Auszeichnung für Nageldesigner im Vereinigten Königreich, die beiden Titel *Mixed Media Artist of the Year* und *Nail Stylist of the Year*.

Oben links Die passenden Nägel zu Ostern, in frühlingshaften Pastelltönen mit Rosenmuster.

Oben Mitte Festtagsnägel in Stiletto-Form mit 3-D-Elementen.

Oben rechts Schneewittchen-Nägel mit blassen Schattierungen und Glitzer.

Unten Romantisches Nageldesign mit handgemalten Spitzeneffekten und Rosen.

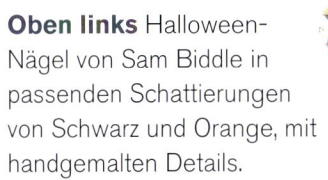

Oben links Halloween-Nägel von Sam Biddle in passenden Schattierungen von Schwarz und Orange, mit handgemalten Details.

Oben rechts Gold-Glitzer-Maniküre für jeden Anlass, von Sam Biddle.

Mitte rechts Holografische Disco-Nägel, von Sophie Harris-Greenslade.

Mitte links Durch weihnachtliche Strickmuster inspirierte Nagelkunst, handgemalt in festlichem Rot, Blau und Weiß, von Sophie Harris-Greenslade.

Bildergalerie

Unten links Rote Nägel mit weißem Weihnachtsdesign, von Sam Biddle.

Unten rechts Britische Nägel in scharlachroter Schattierung von Sam Biddle, mit handgemaltem Union Jack auf dem Ringfinger.

Brautstil

Die Hochzeit, bei der sich Mann und Frau in Liebe verbinden, soll einer der schönsten Tage des Lebens werden. Alle Augen und Kameras sind auf Braut und Bräutigam gerichtet. Beim Ringtausch richten sich die Blicke auf Hände und Nägel. Die Nägel sagen viel über eine Person aus. Sie geben Informationen über Lebensstil und Persönlichkeit. Die Nägel des Bräutigams sollten daher am Hochzeitstag sauber, wohlgeformt und kurz sein. Dagegen kann die Braut aus einer Vielzahl von Nageldesigns wählen und hierzu zahlreiche Ideen und Einflüsse als Grundlage heranziehen.

Glitzernde stilettoförmige Nägel von Catherine Wong, mit handgemalten weißen Rosen und einer zusätzlichen 3-D-Rose.

Unten links Französische Nägel von Sam Biddle, mit blauem Farbverlauf.

Unten rechts Extravagante Brautnägel von Sam Biddle, mit 3-D-Blumen.

Französische Maniküre ist stets eine gute Wahl und passt perfekt zu einem traditionellen Brautkleid. Dadurch wird die Erscheinungsform der natürlichen Nägel mit rosafarbenem Nagelbett und weißer Nagelspitze betont und es entsteht ein ordentlicher und dezenter Look, der weder von der Braut noch von ihrem Kleid ablenkt. Bei all den Farben, unterschiedlichen Stoffen und Accessoires, die auf einer Hochzeit vorhanden sind, angefangen bei den Kleidern der Braut und ihrer Brautjungfern bis hin zu Blumen und Tischschmuck, entsteht ein Fundus an Inspirationsquellen und Motiven, die in Ihr Nageldesign integriert werden können. So kann der Stil des Tages in Ihren Nägeln aufgehen.

Viele Nageldesigner basteln 3-D-Blumen auf die Nägel, binden Kleiderstoffe in die Nägel ein oder bilden diese mit ihren eigenen Techniken nach. Wie aufwendig das Nageldesign ist, hängt von der Braut und den Möglichkeiten ihres Nageldesigners ab, der die Nägel in der Regel ein bis zwei Tage vor dem großen Ereignis oder am Tag selbst vorbereitet (falls die Wahl auf einfachen Nagellack fällt). Je nachdem, welche Schuhe die Braut trägt, werden die Zehen der Braut häufig mit French-Pediküre oder passend zu ihren Flitterwochen gestylt.

Oben Feminine Nagelform mit weißen Blumen und Schnörkeln, von Gemma Lambert.

Links Nagelspitzen von Eva Darabos mit dezentpinkfarbenen Schattierungen und handgemalten Blumendesigns.

Form

Lange Nägel verströmen Eleganz und Weiblichkeit. Die Stiletto-Form ist zwar, wenn Sie die Länge nicht gewohnt sind, etwas unpraktisch, stellt jedoch stets eine hervorragende Wahl dar. Nageldesigner können diese Nägel mit professionellen Nagelpflegeprodukten, Formen, Farben, Bildern und Motiven einem bestimmten Motto anpassen.

Kürzere, mandel- oder quadratförmige Nägel sind hingegen praktischer. Durch professionelle Unterstützung kann ihre Länge über die der normalen Nägel hinaus erweitert werden. Ein kurviger Nagel erlaubt eine Ansicht aus unterschiedlichen Blickwinkeln – ideal für Fotos aus unterschiedlichen Perspektiven.

Oben links Verlängerte, quadratförmige Nägel mit Glitzerspitze und handgemalten Extras, von Eva Darabos.

Mitte Ovale Nägel mit handgemaltem Herzdesign, von Sophie Harris-Greenslade.

Unten links Stilettoförmige Nagelverlängerungen von Eva Darabos, deren türkise Schattierungen alle Blicke auf sich ziehen, mit Glitzer und Verzierungen.

Unten rechts Kurze, weiße Nägel mit festlichem rotem Glitzer, welche an Zuckerstangen erinnern, entworfen von Sam Biddle.

NAGELKÜNSTLERIN

Megumi Mizuno, Japan

Bereits vor ihrer Karriere als preisgekrönte, internationale Nageldesignerin sammelte Megumi Mizuno künstlerische Erfahrungen in unterschiedlichen Bereichen und konnte die dabei erlernten Techniken und die gewonnene Inspiration in die Nagelkunst mit einbringen. Ihre Großmutter, die sich beruflich der Malkunst mit Wasserfarben widmete, entdeckte ihr Talent und engagierte einen professionellen Ausbilder.

An der Universität studierte Megumi Umweltdesign, was ebenso Städteplanung und Landschaftsentwicklung beinhaltet. Währenddessen entdeckte sie ihr Interesse am Nageldesign für den persönlichen Gebrauch. Aufgrund ihres wachsenden Interesses absolvierte sie das VTCT-College in Romford, Vereinigtes Königreich, womit ihre Karriere ihren Lauf nahm. Sie gewann zahlreiche internationale Preise, z. B. wurde sie Finalistin bei den *Scratch Stars Awards Mixed Media Artist of the Year 2013* und *2014* und belegte den ersten Platz bei der *Showcase Nail Art – Professional Beauty Manchester 2011*.

Oben links Kombination aus klassisch-französischem Stil mit chromfarbenem Zeigefingernagel und verziertem Ringfinger.

Mitte links Auffällig helle und originelle Nägel mit willkürlich gewählten Mustern.

Unten Links Beeindruckendes Halbmondmotiv mit Schlangenmuster und scharlachroter Nagelspitze.

Projekt:
SAMTROTE HERZEN
VON SAM BIDDLE

SIE BENÖTIGEN:

• Hautfarbener oder zartrosa Nagellack

• Nagellack in Weiß, Rot und Schwarz

• Weicher Bleistift

• Feiner Pinsel

• Nagelpolierer

• Überlack/Versiegelung

• Samtflocken

• Fantail-Pinsel

Sam Biddle weist mit diesen Nägeln dezent auf den Valentinstag hin und verwendet dabei eine Textilstruktur.

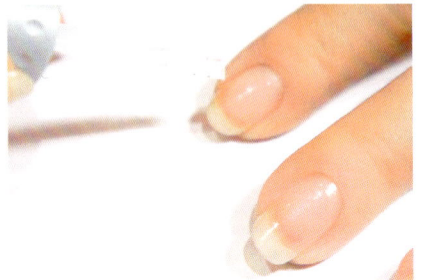

1 Tragen Sie eine Unterschicht gefolgt von hautfarbenem oder zartrosa Nagellack auf alle Fingernägel auf, mit Ausnahme der Ringfinger.

2 Schaffen Sie mit einem dünnen Pinsel und weißem Nagellack eine Spitze im französischen Stil. Tragen Sie auf die Ringfinger zwei Schichten weißen Nagellack und anschließend den Überlack auf alle Nägel auf. Sobald die Ringfinger trocken sind, fetten Sie die Oberfläche leicht ein, sodass sie matt erscheint.

3 Malen Sie mit einem Bleistift ein Herz auf den weißen Lack. Bei Fehlern kann die Linie entfernt werden.

4 Tauchen Sie einen dünnen Pinsel in roten Lack und füllen Sie damit die Herzformen aus.

5 Konturieren Sie die Formen mithilfe einer Farbe auf Wasserbasis oder eines schwarzen Nagellacks.

6 Lassen Sie die Nägel vollständig trocknen und versiegeln Sie sie mit Überlack.

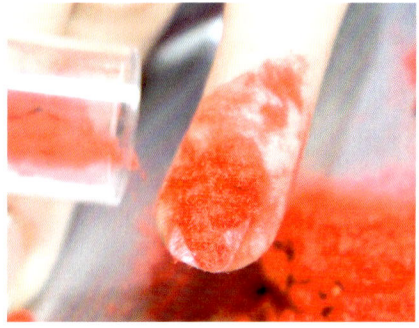

7 Sobald die Nägel der Ringfinger trocken sind, tragen Sie mit einem dünnen Pinsel eine weitere Schicht Überlack auf die Herzformen auf. Überziehen Sie die Nägel mit roten Samtflocken, solange sie noch feucht sind.

8 Lassen Sie alles 30 Sekunden trocknen und entfernen Sie dann den überflüssigen Samt mit dem Fantail-Pinsel.

Projekt: LUFTBALLON-NÄGEL
VON GEMMA LAMBERT

Nägel mit Luftballons sind ein Blickfang und kündigen Geburtstage oder freudige Anlässe auf lustige Art an. Gemma Lambert zeigt hier, wie es geht.

SIE BENÖTIGEN:

- Unterlack/Grundierung
- Nagellack in Weiß
- Sechs helle Nagellackfarben Ihrer Wahl
- Nagellack in Schwarz oder einen schwarzen Nail Striper
- Feiner Nagelpinsel und French-Ball-Pinsel
- Überlack/Versiegelung

1 Tragen Sie den Unterlack auf. Es folgen zwei Schichten mit deckendem weißen Nagellack.

2 Tragen Sie mit einem French-Ball-Pinsel Punkte in verschiedenen Farben auf die Nageloberfläche auf. Lassen Sie dazwischen genügend Abstand.

3 Verlängern Sie die Punkte mit einem dünnen Pinsel in Richtung Nagelrand und gestalten Sie so die Luftballons.

4 Malen Sie mit schwarzem Nagellack und einem dünnen Pinsel oder schwarzem Nail Striper die Luftballonbänder, die am Nagelende zu einer verschlungenen Form zusammenlaufen.

5 Malen Sie über die Bänder eine Schleife und schattieren Sie die Ballons am unteren Ende mit schwarzen Punkten.

6 Zeichnen Sie mit weißem Nagellack und einem dünnen Pinsel die Lichtreflexe auf die Ballons. Lassen Sie alles trocknen und überziehen Sie die Nägel mit einer dünnen Schicht Überlack.

Noch mehr Designs FÜR GEBURTSTAGE ...

Oben links Strahlend, unterhaltsam und sehr einfach! Für diese Tupfennägel können Sie eine Farbe Ihrer Wahl verwenden.

Oben rechts Für besondere Anlässe ist auch dieses vielfarbige Punktedesign zu empfehlen. Es ist einfach und zieht dennoch alle Blicke auf sich. Bei schwarzem Grund mit neonfarbenen Punkten können Sie auf die restlichen Nägel einen hellglänzenden Lack auftragen.

KAPITEL 7

Ein Blick in die VERGANGENHEIT

Auch Geschichtsbücher oder historische Forschungsberichte können für die Nagelkunst inspirierend sein. Hier finden sich Anregungen zu beliebten Schattierungen, Formen und Mustern aus verschiedenen Epochen, egal, ob diese bereits Jahrhunderte oder nur Jahrzehnte zurückliegen. So kann man auf moderne Art und Weise eine gewisse Wertschätzung für eine bestimmte Epoche ausdrücken.

Für ein schnelles Nageldesign eignen sich Aufkleber oder Folien. Für ein aufwendigeres und langlebigeres Design sparen Sie mit einem professionellen Nageldesigner, der Ihre Nägel mit aufgesetzten oder eingebetteten Extras oder frei gezeichneten Motiven verschönert, eine Menge Zeit.

Unterschiedlich gestaltete Nägel von Beth Fricke mit schwarz-weißen Mustern und mit herausstechenden türkisen Nägeln.

Sam Biddle, Großbritannien

Die Gewinnerin internationaler Preise und Wettbewerbe für Nageldesign konnte mit ihrem bekannten Design und ihrem Sinn für Farben weltweit Erfolge feiern. Seit ihrem Durchbruch in der Nagelbranche im Jahr 2000 entwarf sie Titelbilder für Zeitschriften in Europa und den USA, eröffnete ihr eigenes Nagelstudio mit angegliederter Akademie und gründete ihre eigene Firma (Be Inspired), die Produkte und hilfreiche Werkzeuge zur Umsetzung traumhafter Designs in der Nagelkunst herstellt.

Sam ist außerdem weltweit als freie Ausbilderin tätig und bringt Nageldesignern neue und fortschrittliche Techniken bei. Sie arbeitet mit vielen internationalen Vertriebspartnern und Warenhäusern zusammen, entwickelt stets neue Produkte und bietet Trainingskurse an. Sie veröffentlicht regelmäßig Artikel für Händler und Kunden und glaubt, dass durch Kreativität und Inspiration jeder zu einem perfekten Nageldesigner werden kann.

Oben rechts Glitzernägel mit holografischem Glanz- und Farbeffekt.

Mitte rechts Nägel mit ineinander übergehenden Farben, kreiert mit Schwamm und Nagellack.

Unten links Französische Maniküre mit Glitzerspitzen.

Unten Mitte Handgemalte blaue und weiße Nägel im Comic-Stil.

Unten rechts Klassisch-französische Maniküre mit Nagellack.

Designs mit historischem ANKLANG

Wichtige geschichtliche Epochen oder Zeitabschnitte können als Inspiration für Design und Farbe dienen. Der allgemeine Geschmack dieser Zeit, ob klassisch und elegant oder eher hell und flippig, entscheidet über Länge, Form und Farbe. Mit Ihrem Nageldesign können Sie an eine Bewegung, eine Revolution oder an einen Zeitabschnitt erinnern, der Ihnen persönlich besonders zusagt. Über Bücher und das Internet erhalten Sie für Ihr Nageldesign Informationen über Stil und Muster dieser Zeit.

Oben links Ein Audrey-Hepburn-Look von Gemma Lambert, mit verlängerten, mandelförmigen Nägeln und dezenten Spitzen.

Unten links Pink-farbene und schwarze Cameo-Nägel in Stiletto-Form, von Michelle Sproat.

Oben rechts Nägel zum Thema Ägypten in Mandelform, mit frei entworfenem Design und Details von Fleury Rose.

Unten rechts Lila-rosa Muster in der Art der sechziger Jahre, frei entworfen von Sophie Harris-Green-slade.

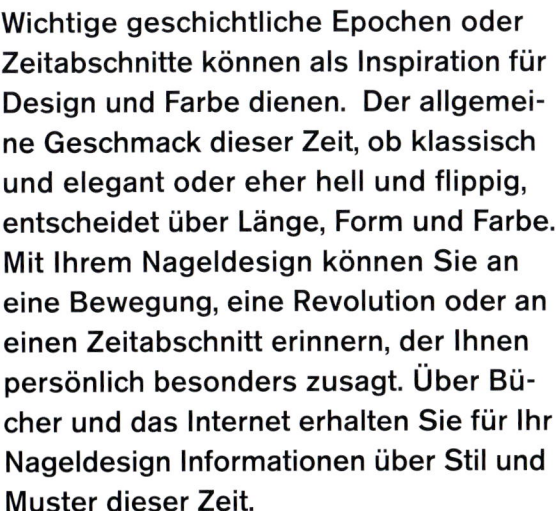

Vintage CHIC

In erster Linie glamourös und mit einem Hauch von Sex-Appeal verleiht der moderne Vintage-Stil einen gepflegten Anblick. Klassische Rot- und Naturtöne sowie natürlich wirkende Maniküre zeigen die Weiblichkeit der zwanziger Jahre mit größtenteils einfachen Nageldesigns. Halbmondmaniküre mit farbigen Mondformen an der Nagelbasis erinnern an den kultigen Stil zu Anfang des 20. Jahrhunderts, wobei eine Schlüsselfarbe ein bestimmtes Kleidungsstück ergänzt und dem Design Vollständigkeit verleiht.

In den fünfziger Jahren verwendete man weiterhin Scharlachrot, um den Lippenstift zu unterstreichen, begann jedoch auch zu experimentieren. Nutzen Sie Tupfenelemente und den Stil historischer Filme, um etwas aus der Epoche auf Ihre Nägel zu übertragen. Halten Sie Farbe und Design möglichst einfach, sodass der Fokus auf der Kleidung liegt. Nägel sollten die Stoffe der Kleidung ergänzen, indem sie entweder ein Element wiedergeben oder zu den hauptsächlichen Farbtönen passen. Falls Sie mehrere Farben möchten, dann verwenden Sie sehr unterschiedliche Farbtöne. Verwenden Sie keine Farben mit gleichen Grundtönen wie Orange-, Rot- oder Pinktöne, sorgen Sie stattdessen für mehr Kontrast und setzen Sie auffällig hellere Farben ein.

Oben links Mandelförmige Nägel von Eva Darabos, mit schwarzer Spitze und schönen Silberdetails.

Links Moderne Kombination im Vintage-Look – stiletto-förmige Nägel mit weißen Punkten und plastischen Schleifen, von Paulina Zdrada.

Seite 87, oben links Nagelverlängerungen mit buntem geometrischem Design, von Gemma Lambert.

Seite 87, oben rechts Rote, rechteckige Nägel mit Glitzer und dekorativen Elementen auf den Ringfingern, von Eva Darabos.

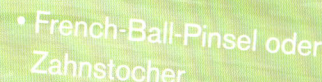

Projekt: POLKA DOTS
VON SAM BIDDLE

Ein schöner Blickfang! Ein Punktdesign auf den Nägeln ist leicht zu kreieren und erinnert an die fünfziger Jahre. Sam Biddle zeigt Ihnen, wie Sie es in nur drei Schritten selbst ausführen können.

1 Tragen Sie die Unterschicht sowie eine Ihrer Nagelfarben in zwei dünnen Schichten auf acht Nägel auf. Lassen Sie die Ringfingernägel frei. Tragen Sie eine Kontrastfarbe in zwei dünnen Schichten auf die Ringfinger auf.

2 Tauchen Sie den French-Ball-Pinsel oder den Zahnstocher in den weißen Nagellack und setzen Sie Punkte auf die Ringfinger.

3 Lassen Sie die Nägel vollständig trocknen und tragen Sie eine Schicht Überlack auf. Schützen Sie das freie Ende, damit der Nagel nicht vorzeitig abbricht.

Verrückt nach SCHWARZ-WEISS

Die Kombination aus Schwarz und Weiß ist stets auffällig, insbesondere auf Nägeln, wenngleich sie dennoch zu den meisten Outfits passen. Die Subkultur der sechziger Jahre machte schwarz-weiße Kleidung in Kombination mit falschen Wimpern, dunklem Eyeliner und blassem oder weißem Lippenstift populär. In der modernen Modewelt hat dieser Trend überlebt. Einfache weiße oder schwarze Nägel sind leicht zu kreieren und dennoch schick.

Oben Schwarz-weißes Nageldesign auf mandelförmigen Nägeln von Sophie Harris-Greenslade, mit Halbmond auf einigen Nägeln.

Unten Kaleidoskop-Design von Sophie Harris-Greenslade, in Weiß, Schwarz und Grauabstufungen.

Mitte links Ethnodesign in Schwarz-weiß, von Sophie Harris-Greenslade.

Unten links Kombination verschiedener Schwarz-Weiß-Muster für ein zufällig wirkendes, auffallendes Nageldesign, von Sophie Harris-Greenslade.

Unten Mandelförmige Nägel mit schwarz-weißem Design und mintgrünen Details, von Ami Vega.

Ganz unten Aufwendig handgemalte Nagelkunst in Schwarz und Weiß, von Sophie Harris-Greenslade, auf quadratischen Nägeln.

Die Kraft der VORSTELLUNG

Zum Erschaffen einzigartiger und persönlicher Nägel ist die Vorstellungskraft von entscheidender Bedeutung. Führende Nageldesigner stützen sich bei ihren Entwürfen häufig auf Geschichten und visualisieren Farben und Ästhetik der Charaktere, die sie mit professionellen Produkten in Kunst verwandeln. Jeder interpretiert eine Geschichte, ein Unternehmen, einen Ort, ein Ereignis, eine Person oder auch einen Traum aus der eigenen Sicht und Erfahrung.

Bilder im Kopf können als farbige, schwarze oder weiße Motive umgesetzt werden. Dank hochwertiger Nagelprodukte werden diese geistigen Bilder zu Kunstwerken. Kreative Menschen können mit verschiedenen Farben und unter Berücksichtigung der speziellen From der einzelnen Nägel aus Bildern in ihrem Kopf Kunstwerke schaffen, die jeden Nagel zu etwas Besonderem machen.

Ein himmlisches 3-D-Nageldesign mit Ketten von Sam Biddle. Die langen Nägel vermitteln einen Eindruck von Weiblichkeit.

Oben links Aufwendiges Nageldesign mit stiletto-förmigen langen Nägeln aus L&P-Acrylprodukten, mit 3-D-Elementen wie Drachen und Blumen.

Oben rechts Hochzeits-nägel mit ungewöhnlich geformten Spitzen, hand-gemalten Ornamenten, glitzernden Stickern und Perlen.

NAGELKÜNSTLERIN

Viv Simmonds, Australien

Viv Simmonds kann bereits auf mehr als 20 Jah-re Erfahrung im Nageldesign zurückblicken. Sie gewann mehr als 50 Preise und war fünfmal aus-tralische Meisterin. Bei internationalen Nagel-wettbewerben saß Viv mehrmals in der Jury und entwarf etliche Cover für führende Nagelmaga-zine. Als gelegentlicher Gast im Fernsehen tauchte sie in den Jah-ren 2010 und 2011 im Ranking der besonders bekannten Frauen Australiens auf. Sie verfügt über ein eigenes Nagel-designteam, dessen Mitglieder sie selbst zu preis-gekrönten Nagelkünstlern ausgebildet hat. Viv koordiniert die jährlich stattfindenden *Global Nail Design Awards* und gibt weltweit Schulungen für fortschrittliche Nageltechnik und -design.

Mitte Handgemaltes, farbenfrohes Design mit Dschungelmotiven auf den Nagelspitzen.

Unten Stiletto-förmi-ge Gothic-Nägel mit weiblichem Rosa und schwarzen 3-D-Blu-men sowie Strass-steinen.

Bildergalerie

Oben links Fröhliche Blumen und Federn auf stiletto-förmigen Nagelspitzen, von Catherine Wong.

Oben rechts Teuflisches Stiletto-Design in Schwarz, Gold und Bronze, von Sam Biddle.

Unten links Nagelspitzen mit mystischen Anklängen und auffälligen Details, von Catherine Wong.

Mitte rechts Aufwendige Stiletto-Nägel mit 3-D-Blüten und grünem Opal, von Catherine Wong.

Unten rechts Stiletto-förmige Nägel mit fließender roter, pinker und orangener Nagelspitze, von Sam Biddle.

Projekt: KALEIDOSKOPNÄGEL

VON SOPHIE HARRIS-GREENSLADE

SIE BENÖTIGEN:

• Unterlack/Grundierung

• Weißer Nagellack

• Überlack/Versiegelung

• Verschiedenfarbige Nagelstifte (alternativ: Nagellacke und einen dünnen Nagelpinsel)

Bei diesem Projekt sollten Sie mit einer Vielzahl an Farben experimentieren, um so ein interessantes und auffälliges Design zu schaffen. Sophie Harris-Greenslade zeigt in zehn Schritten, wie es geht.

1 Tragen Sie eine Schicht Unterlack auf und bestreichen Sie alle 10 Nägel mit zwei Schichten weißem Nagellack.

2 Zeichnen Sie auf jeden Nagel mit einem Silberglitzer-Nagelstift ein spiralförmiges Muster.

3 Zeichnen Sie mit einem pinkfarbenen Nagelstift eine schmale Mondsichel in den Mittelpunkt der Spirale.

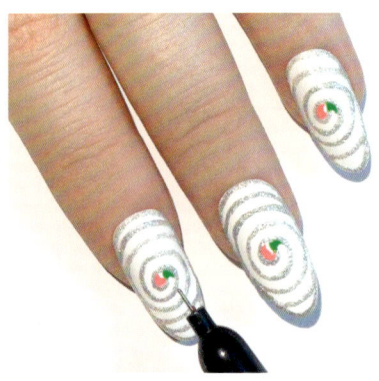

4 Setzen Sie mit einem grünen Nagelstift eine weitere schmale Mondsichel neben die pinkfarbene und lassen Sie einen kleinen weißen Abstand dazwischen frei.

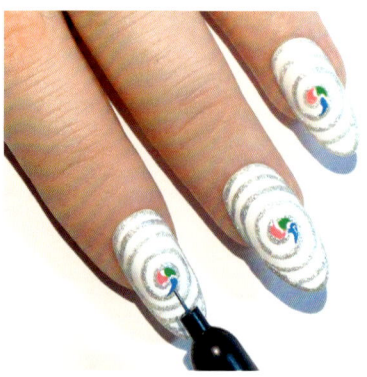

5 Lassen Sie einen schmalen weißen Abstand frei und zeichnen Sie eine blaue Mondsichel.

6 Wiederholen Sie den Vorgang mit Orange, wobei Sie hier ebenfalls einen weißen Abstand frei lassen.

7 Wiederholen Sie das Ganze mit Gelb entlang der Silberglitzerlinie.

8 Fahren Sie fort mit Blassrosa.

9 Wiederholen Sie den Vorgang so lange, bis der ganze Nagel bemalt ist. Sie können natürlich auch andere Farben verwenden.

10 Tragen Sie abschließend eine Schicht Überlack auf die Nägel auf.

Bildergalerie

Oben links Sehr auffällige Goldglitzernägel mit bunten Strasssteinen und Verzierungen für die Sängerin M.I.A., von Sophie Harris-Greenslade.

Unten links Helle Stiletto-Verlängerungen mit farbenfrohen Punkten, von Gemma Lambert.

Oben rechts Stilettoförmige Verlängerungen mit handgemalten Blumen, von Gemma Lambert.

Unten rechts Verspielte, vielfarbige Patchwork-Nagelkunst für verlängerte Nägel, von Gemma Lambert.

Oben links Nägel mit pastellfarbenen, geometrischen Formen und bunten Strasssteinen von Sophie Harris-Greenslade.

Oben rechts Blauer Himmel und handgemalte, verschiedenfarbige Schleifen auf natürlichen Nägeln, von Sophie Harris-Greenslade.

Mitte Verspielte Tupfennägel mit handgemalten Lippenstiften auf den Ringfingern und Schleifen auf den Daumen, von Sophie Harris-Greenslade.

Rechts Stiletto-Nägel in knalligem Pink mit goldenen Pyramidennieten und Strasssteinen, von Sophie Harris-Greenslade.

Danksagungen an:

Brian Biggs, Monica Biggs, Alex Fox, Scott Derbyshire, Janine Derbyshire, Kayleigh Baker, Lizzie Benton, Fleury Rose, Christina Loglisci, Michelle Sproat, Sam Biddle, Gemma Lambert, Lucy Dartford PR, Eva Darabos, Megumi Mizuno, Ami Vega, Ashley Crowe, Sophie Harris-Greenslade, Vu Nguyen, Beth Fricke, Raquel Olivo, Catherine Wong, Christina Wong, Viv Simmonds, Samantha Sweet, Katie Gray, Ashleigh Hesp, Jan Arnold, Michael van der Ham, Antonio Sacripante, Sara Wang, Amanda Fontanarrosa, The Communications Store.

Erstveröffentlichung unter dem Titel:
„Nail Style"
© Arcturus Holdings Limited 2014

Genehmigte Lizenzausgabe
tosa GmbH
Industriestraße 19
64407 Fränkisch-Crumbach 2015
www.tosa-verlag.de

Übersetzung: Annabell Bommert
Layout, Satz und Umschlaggestaltung:
design cat GmbH

ISBN 978-3-86313-706-9

Bildnachweis:

Amanda Fontanarrosa 57; Ami Vega 23, 41; Andrea Benedetti 46–51, 59, Astrowifey 20–21, 52–53; Charlotte Green 8, 14, 74, 94; Christina Wong 12, 40, 70, 76, 91; CND (Creative Nail Design Inc.) 44, 46–47, 49, 52, 54–56, 58; Eva Darabos 13, 16, 33, 38, 64, 66, 68–70, 77–78, 86–87; Fleury Rose 11, 22, 26, 33, 38–39, 42, 59, 71, 85; Gary Lewis 85, 94; Gemma Lambert 81–82; Helena Tepley 42; House of Holland for Elegant Touch 23, 60–61; Jenny Brough 89; Megumi Mizuno 17, 27, 32–33, 38, 41, 42, 67, 79; Michelle Sproat 15, 67, 85; Nicola Jackson 10, 74, 77, 87; Nubar VK. 6–7; Paulina Zdrad 86; Raquel Olivo 43 (Hand Model – Ashley Frey, Stylist – Arturo D. Chavez), 83; Sam Biddle 10, 13, 16–17, 23, 27, 33, 38, 62–63, 67, 71, 75–76, 78, 80–81, 84, 87, 91; Samantha Morales 2, 5, 18, 24–25, 88; Sophie Harris-Greenslade 3, 5, 33–37, 41, 53, 67, 70, 71, 75, 78, 85, 88, 92–95; Susan Renee Photography and Sammy Grant 72; Viv Simmonds 90; Vu Nguyen 28–29

Shutterstock: Africa Studio 4; Aljna Cover Back; Color Brush 6–7, 11, 14, 15, 20, 24–25, 29, 34, 36–37, 39–40, 43, 50, 55–57, 61–63, 66, 68–69, 74, 79–82, 84, 87, 90, 92–93; digieye Cover Back; Foonia 61; Jonathan Raho 1; licccka 2–3; NatUlrich 62–63; Nik Merkulov 48, 58–59; Nikolaeva 4–5, 7, 14, 21, 25, 36, 39, 57, 62, 68, 80, 81, 87, 92; Picsfive 3–4, 6, 7, 9, 12, 14, 19, 21, 31, 38, 45, 59, 65, 73, 76, 78, 83, 89, 93–95; luanateutzi 82; radFX 82; Subbotina Anna 58; Svetography Cover Front; Zsschreiner 32–33